本报告获得中国社会科学院高端智库建设资金的资助。

国家智库报告 2018（6）
National Think Tank
国 际 问 题 研 究

中国和匈牙利的全面战略伙伴关系：历史、现状、前景及政策建议

刘作奎 Ágnes Szunomár 鞠维伟 Viktor Eszterhai 佟巍 等著

THE COMPREHENSIVE STRATEGIC PARTNERSHIP BETWEEN CHINA AND HUNGARY: HISTORY, STATUS QUO, PROSPECTS AND POLICY SUGGESTIONS

中国社会科学出版社

图书在版编目 (CIP) 数据

中国和匈牙利的全面战略伙伴关系：历史、现状、前景及政策建议 / 刘作奎等著 . —北京：中国社会科学出版社，2018.3
（国家智库报告）
ISBN 978 - 7 - 5203 - 2062 - 7

Ⅰ. ①中…　Ⅱ. ①刘…　Ⅲ. ①中外关系—研究—匈牙利
Ⅳ. ①D822. 351. 5

中国版本图书馆 CIP 数据核字 （2018） 第 027439 号

出 版 人　赵剑英
责任编辑　王　茵　喻　苗
特约编辑　郭　枭
责任校对　石春梅
责任印制　李寡寡

出　　　版　中国社会科学出版社
社　　　址　北京鼓楼西大街甲 158 号
邮　　　编　100720
网　　　址　http://www.csspw.cn
发 行 部　010 - 84083685
门 市 部　010 - 84029450
经　　　销　新华书店及其他书店

印刷装订　北京君升印刷有限公司
版　　次　2018 年 3 月第 1 版
印　　次　2018 年 3 月第 1 次印刷

开　　本　787×1092　1/16
印　　张　8.25
插　　页　2
字　　数　85 千字
定　　价　38.00 元

摘要： 匈牙利致力于发展同中国的合作关系的意愿由来已久。2011 年 6 月，首届中国—中东欧国家经贸论坛在布达佩斯成功召开，正在匈牙利访问的时任总理温家宝出席了论坛。匈牙利官方将此次经贸论坛视为是"16＋1 合作"的开端。2012 年中国和中东欧国家正式启动"16＋1 合作"框架后，匈牙利一直是"16＋1 合作"的积极参与者和推动者。中国提出"一带一路"倡议后，匈牙利政府积极寻求将"向东开放"政策与"一带一路"倡议相对接，双方开展了一系列务实合作。2017 年 5 月 13 日，习近平主席与来华出席"一带一路"国际合作高峰论坛的欧尔班总理共同宣布两国建立全面战略伙伴关系。两国之间目前已建立了全方位、宽领域、多层次的合作关系，中匈关系已处于历史最好水平。本报告全面描述了中匈政治关系、经贸关系、金融合作、人文交流等方面的历史、现状与前景，并在此基础上提出推进中匈合作的政策建议。报告分为下列几个章节：

第一章从"一带一路"倡议、"16＋1 合作"以及国家核心利益等方面论述了中国和匈牙利伙伴关系的战略性。报告指出近年来匈牙利对转轨和加入欧盟出现的问题存在质疑，中匈有发展成紧密依赖关系的动力，未来也面临良好合作的机遇。

第二章全面梳理了中匈两国政治关系的历史，论述了中国—中东欧国家合作框架建立以来双边关系的升级以及在国际事务中的协调和配合；在肯定双边关系进入快速发展时期的同时，也从欧盟和匈牙利内部政治稳定角度分析了中国与匈牙利政治关系发展的难点与挑战，勾勒了匈牙利国内乐观看待合作前景、谨慎看待合作困难以及全面确保自身利益三种对华关系的看法。

第三章运用大量贸易、投资等统计数据论述了中匈经贸关系现状，分析了中匈双边贸易的发展进程和结构，考察了中国对匈牙利投资的具体情况和突出案例，指出了中国在匈投资面临的风险和挑战。

第四章追溯了中匈金融合作的历史，尤其是2008年金融危机后匈牙利政府提出"向东开放"政策以来两国金融合作的新进展；重点介绍了匈牙利国家银行的"人民币项目"和"布达佩斯人民币倡议"，以及该倡议实施后所取得的成果。

第五章从语言学习、文化艺术交流、旅游和文化产业、中医药合作、学术和智库交流等方面详细介绍了中国和匈牙利人文交流的现状，总结了中匈人文交流的特点，并分析了两国人文交流进一步发展面临的语言人才缺乏、方式和内容有待提高、华人华侨作用需进一步发掘等问题。

第六章基于对中匈政治、经贸、金融、人文等方面的历史回顾和现状分析，提出了推进中国和匈牙利合作的一系列政策建议。

关键词：中匈关系；全面战略伙伴关系；全方位合作；政策建议

Abstract: Hungary has long been devoted to the development of cooperative relationship with China. In June 2011, the first China-CEEC Economic and Trade Forum was successfully held in Budapest, with the attendance of Premier Wen Jiabao, who was visiting Hungary in the meantime. Hungarian government regards the Economic and Trade Forum as the beginning of the 16 + 1 Cooperation. Since the 16 + 1 Cooperation framework was officially launched by China and CEEC in 2012, Hungary remained as an active participant and promoter of the 16 + 1 Cooperation. After China put forward the Belt and Road Initiative, Hungarian government actively sought to coordinate their "Opening to the East" policy with the BRI, and carried out a series of pragmatic cooperation. In May 13, 2017, President Xi Jinping and Hungarian Prime Minister Victor Orban, who came to attend the Belt and Road Forum for International Cooperation in China, jointly announced the establishment of the Comprehensive Strategic Partnership between the two countries. China and Hungary have now established a comprehensive, wide-ranging and multi-level cooperative relation, and the relationship between China and Hungary is at the best level in history. This report comprehensively describes the history, current situation and prospect of China-Hungarian relationship, including the aspects of political relationship, economic and trade relationship, financial cooperation, cultural exchanges, etc., and gives some policy suggestions on the above basis, in order to promote the cooperation with Hungary. The report is divided into the following chapters:

Chapter 1 illustrates the strategic importance of China-Hungarian partnership in the aspects of BRI, 16 + 1 Cooperation, and national core interests. The report points out that in recent years Hungary doubted the problems of transition and joining the EU, China and Hungary have the dynamics of developing into close and dependent relationship, and are facing the opportunities for good cooperation in the future.

Chapter 2 comprehensively overviews the history of China-Hungarian political relation, and demonstrates the upgrading of bilateral relations and coordinating in international affairs after the establishment of the framework of China-CEEC Cooperation; and analysis the difficulties and challenges of developing China-Hungarian political relation in the perspective of the internal political stability of Hungary and the EU with admitting that bilateral relationship has entered a rapidly developing period; then describes three kinds of Hungarian domestic views of China, including optimistically regarding on the prospects for cooperation, viewing the difficulties of cooperation in cautious and comprehensively ensuring their own interests.

Chapter 3 uses a large number of trade and investment statistics to analyze the current situation of China-Hungarian economic and trade relation, argues the development process and structure of bilateral trade, and examines the specific situation and particular examples of Chinese investments in Hungary, and points out the risks and challenges of Chinese investments in Hungary.

Chapter 4 traces the history of China-Hungarian financial cooperation, especially the new progress of financial cooperation since Hungarian government proposed the "Opening to the East" policy after the financial crisis in 2008; and focuses on the introduction of "RMB Program" and "Budapest RMB Initiative" of the Central Bank of Hungary, and the results of its implementation.

Chapter 5 introduces the current situation of cultural exchanges between China and Hungary in detail from the aspects of language learning, cultural and art exchanges, tourism and cultural industry, traditional Chinese medicine, academic and think tanks exchanges, etc. Then it concludes the characteristics of the China-Hungarian cultural exchanges, and analyses the problems of the further development of bilateral cultural exchanges, including the lack of language talents, the needs of improving the means and contents, and the needs of exploring the potentiality of overseas Chinese.

Chapter 6 gives a series of policy suggestions of promoting China-Hungarian cooperation on the basis of the historical reviews and current situation analysis in the aspects of political, economic and trade, financial, cultural, etc.

Key Words: the Relationship between China and Hungary, the Comprehensive Strategic Partnership, the Comprehensive Cooperation, Policy Suggestions

代序言：匈牙利发展对华关系的
原因和动力是什么

　　匈牙利致力于发展同中国的合作关系的意愿由来已久。然而，由于经济或政治原因，这种合作意愿不时发生周期性变化。在 20 世纪 90 年代政治和经济转轨期间，匈牙利最重要的出口市场（苏联和其他中欧和东欧国家）因转型性衰退①而对外部需求锐减，从而波及匈牙利的出口贸易。匈牙利不得不对贸易出口战略进行重新定位和调整，很自然的选择是地理相隔不远的西欧国家市场。为了促进与该地区的对外贸易，并获得额外的发展动力，匈牙利最优先的任务是尽快加入欧盟，因为欧盟是一个庞大的单一市场，相比而

---

　　① 这一术语是由 János Komai 引入经济学著作的，它描述了所有中欧和东欧社会主义国家发展中的现象。他认为，在这种不顺利的发展背后有着类似的原因和共同的模式，这与经济周期理论所描述的情况不同。后来，这一术语主要指代由社会主义体制向资本主义体制转型而引发的经济危机。

言，其对外战略中的其他区域包括亚洲就不那么重要了。

从 20 世纪 90 年代早期开始，欧洲或全球大公司通过匈牙利大规模私有化（在中欧和东欧的所有国家都是如此）而进入欧洲市场。此外，受到廉价劳动力和较低劳动力成本的吸引，出口导向型的绿地投资在匈牙利开始增加。由于国内投融资的低迷，匈牙利出台一系列经济政策刺激了外国的直接投资。西方企业突然涌入该地区，引发了一些积极的结构性变化（同时也有许多负面后果）[1]，并为出口导向型的发展模式奠定了基础。这种情况在每个中东欧国家都一样，导致了它们对外国直接投资采取激烈竞争的办法。在欧债危机发生前近 20 年的时间里，中东欧国家的经济模式（包括匈牙利）都是基于外国直接投资大量涌入所产生的出口导向型发展模式，而欧盟在中东欧的贸易和直接投资方面都发挥了主导作用。

中东欧国家纷纷向发达的西欧国家靠拢，在这当中，发展模式问题、出口导向、进口替代或其他贸易方面的问题始终占据其经济和政治思想的前沿。对中东欧这一新兴市场来说，尽管从长期来看不同国家的

---

[1] Berend, I., Svejnar, J., Berglöf, E., Welfens, P., Gomulka, S., Kopits, G., Malle, S., Menzinger, J., Grigoriev, L., Landesman, M., Hare, P., Nagy, A., Elman, M., "From plan to market: The transition process after 10 years," *Economic Survey of Europe*, No. 2/3 (1996).

出口限制可能会显著不同，出口导向型（或出口依赖型）的经济发展，在大多数情况下对于这些国家加速赶超西欧国家是至关重要的。一个庞大的国内市场（或者更准确地说是国内购买力的显著和快速增长）可以在一定程度上替代出口在 GDP 增长中的作用。然而，国内市场规模较小的国家（比如中东欧国家），极有可能被迫不惜任何代价长期维持出口导向。一些出口大国（以出口量或出口创造的 GDP 来衡量）依赖廉价劳动力（例如中国）、依赖关键自然资源的可获得性（如俄罗斯）或规模经济，仍然可以获得一定的发展速度。但对于中东欧国家这些小国来说，这种经验就不可复制了，它们必须在维持出口拉动增长的发展模式的同时，寻求新的发展方案。这些新的发展方案必须考虑到下列事实：

第一，在未来数十年里拥有廉价劳动力的国家会面临越来越多的困难。虽然成本因素仍然很重要，但与此同时随着技术发展的加快，在工资水平开始随着人均 GDP 的增长而上升时，劳动力的技能变得更加重要。例如，这一变化明显反映在从发展中国家到发达国家的日益明显的工业回流上。这主要适用于市场规模相对较大的新兴国家，这些国家需要改变其发展模式，并促进向更加以国内需求为基础的战略平稳过渡，由此吸引大量的人才回流。

第二，自然资源出口国的地位在未来一段时间应该是稳固的，尤其当我们考虑到即便是在目睹了过去十年商品价格的上涨之后，这些商品未来的价格水平依然相当可观。（很明显，这些国家也试图实现其经济的多元化，像中东几个石油出口国的例子是相当清楚的。）

第三，以出口为导向的小国则面临一些重要抉择，这些国家没有易于出口的自然资源，并且对外开放性很高，出口创造的 GDP 达到 80%—95%。包括匈牙利在内的许多中东欧国家就是这种情况。它们的经济发展主要依靠出口业绩。如果这些国家的企业都能增加销售额并创造更多的就业岗位，这就是它们发展的基本选项。由于这些国家的出口主要是基于与外国直接投资相关的制造业和服务业，它们的国内购买力有限，因此在未来较长一段时间仍然要维持出口导向的发展战略。

由于匈牙利无法与低工资国家竞争（尽管在欧洲它的工资水平仍然较低），维持长期可持续的发展战略必然要对技术水平进行升级，以维持或增加目前的出口水平。另一种可能是寻找新的市场，推动越来越多国内中小企业的国际化或吸引更大的外来投资，这些诉求对匈牙利来说也是比较迫切的。与中国的合作不仅涉及双边合作问题，而是从本质上为匈牙利的发展提供了一种战略选择。

今天的全球政治和经济环境，不能简单地用核心—边缘关系来描述，彼时，大国为了获得更多的国际影响力，为欠发达国家提供政治支持，这有利于其经济的发展。日益增加的全球竞争和区域一体化倡议的激增（甚至不同的区域一体化构想在范围或地理定位上有时相互重叠）的结果是商业活动的跨国化，这使得当下全球政治经济的图景变得更为复杂。从这个意义上来说，边缘或半边缘的国家不再作为单一经济或政治中心的影响区域，而是同时受到几个经济中心的影响（即便由于地理距离或意识形态的影响，不同经济中心发挥政治、经济影响的程度不同）。这正是匈牙利目前的处境。很明显，每个国家都有一个主要的国际贸易和资本合作伙伴（对匈牙利来说肯定是欧盟这个经济中心），但它们也要考虑其他重要的关系。最近几年更发达的国家（尤其是欧元区国家），一直面临着严重的金融不稳定性和经济增长的困境。在这种情况下，在主要合作伙伴之外再寻找其他合适的合作伙伴已愈发迫切。

在2008年经济危机的初期，像匈牙利这样的出口导向型国家，受到的打击最为严重。不过，由于今天的国际贸易不同于世纪之交之前盛行的模式，这种外需冲击的影响已与早先的情况有异。根据世界贸易组织的估计，世界上近55%的贸易是以中间产品的形式进行的。这主要是全球价值链的重要性日益凸显的结果，大型跨国公司在各个国家有许多子公司，并且这些子公司之间也有贸易往来。以匈牙利为例，出口中间产品的需求最终未必是由进口国的需求决定的。（德国是迄今为止匈牙利出口产品最重要的目的地，近30%的出口产品最后到了德国。匈牙利大约四分之一的外国直接投资存量来源于德国。尽管匈牙利竭力向第三国开放贸易和投资，但除非发生重大经济冲击，贸易和投资的集中度预计还会进一步提升。）

供应链的延伸让匈牙利增加了对欧洲以外地区的关注。世界其他地区的总需求和政策溢出效应现在比以往任何时候都要大得多，而德国国内需求对匈牙利的溢出效应依然相对较小。德国和匈牙利之间的双边贸易中有相当的份额是以中间产品的形式完成的，也就是说德国的最终需求并不是匈牙利产品出口德国的主要决定因素。更确切地说，出口导向使匈牙利成为一个大型国际网络的一部分，而不仅仅欧盟一家是匈牙利的合作伙伴，这种状况对匈牙利是有利的。[①] 2008

---

① 出口导向型增长战略的成功取决于几个因素，这种战略也存在许多风险和挑战。关于支持和反对小国出口导向经济战略的较全面的观点列表，参见 Andras Inotai, "Sustainable growth based on export – oriented economic strategy," *Economic policy analyses*, FES – EPI, April 2013, pp. 3 – 8, http：//library. fes. de/pdf – files/bueros/sofia/10070. pdf。

年经济危机之后，匈牙利出口业绩迅速反弹，是因为欧盟（或者特指欧元区）的疲软需求并未完全影响国际市场对匈牙利产品的需求。国际经济发展和需求的影响，可能仍然会使一个国家容易受到外部的冲击。然而，当进口匈牙利中间产品的国家再出口用匈牙利先前出口的中间产品加工成的制成品时，这种再出口后续带来的积极影响也能改善匈牙利的出口数据。因此，比如说对德国出口产品的需求增加，也会提高匈牙利的出口量。跨国公司的活动带来的这种间接出口（主要是在制造业），已经改变了匈牙利对国际贸易依赖的性质，转变为更依赖于跨国公司。很有趣的是，跨国公司的扩张和它们的全球优化战略，通过刺激中间产品出口的增长，也增强了一些远东新兴国家或行为体在国际贸易中的存在感。（在六个最大的中间产品出口方中，有四个来自远东地区：中国、日本、韩国和中国香港）未来，匈牙利加强同来自中国的跨国公司的合作也成为一个新的发展路径。

目前，匈牙利的出口高度集中在某些产业部门，30%—32%的匈牙利出口产品来自汽车制造业，据估计大约10%的产值直接依赖于该行业的业绩。出口的地理格局和外国直接投资的格局密切相关，这导致了欧盟特别是德国吸收了匈牙利出口产品的最大份额。

对单一地区和一两个行业的严重依赖，使该国很容易受到欧盟发展的影响，尤其受到欧元区和欧盟汽车行业发展的影响。正是这种模式要求在对外开放区域和产品结构方面进行多元化。然而，在大多数贸易由跨国公司和中间产品主导的时候，多元化是极其困难的。实现多元化以及与地理相隔较远国家和地区改善关系的目标，就是要与这些国家建立社会、经济和文化的关系，包括发展同中国的关系同样也是如此。

我想，在参与写作本书之前，帮助中国读者认识清楚一个真实的匈牙利及其发展同中国关系的基本动力是什么是很重要的，应该让中国读者能够充分认识到，这种双边关系的发展不是政治口号，也不是权宜之计，而是有内生动力的。

匈牙利应用科学大学教授

塔玛斯·诺瓦克（Tamas Novak）

目　　录

第一章　中国和匈牙利伙伴
关系的战略性

近年来，中匈合作日益紧密，匈牙利成为中国在中东欧地区重要合作伙伴，而中国同样是匈牙利在亚洲的重要合作伙伴。随着合作的增多，双方合作的战略性日益提升。在 2017 年 5 月双方缔结全面战略合作伙伴关系①之前，双方合作战略性已经凸显。在尊重中国的重要利益上，匈牙利发挥了重要的作用。与此同时，中国同样尊重匈牙利的核心利益与关切，成为其紧密合作的伙伴。也即是说，中匈能够发展成一种战略伙伴关系，双边合作的战略性能够得以快速提升，与双方彼此尊重各自的国家利益尤其是核心利益是密不可分的。

————————

① 匈牙利总理欧尔班·维克多于 2017 年 5 月 12 日至 16 日应邀来华出席"一带一路"国际合作高峰论坛，并对华进行正式访问。5 月 13 日，习近平主席会见欧尔班·维克多总理。双方认为，进一步深化中匈关系符合两国利益，双方一致同意建立全面战略伙伴关系。

　　国家利益是"指一个民族国家生存和发展的总体利益，包括一切能够满足民族国家全体人民物质与精神需要的东西。在物质上，国家需要安全与发展，在精神上，国家需要国际社会尊重与承认"。① 按照国家利益的重要程度，可以划分为核心利益、重要利益和一般利益等。所谓国家核心利益就是指国家利益结构中处于核心位置的部分，涉及国家的生存、独立和发展三个方面的利益需求。生存是国家存在的前提，内容包括保证领土的完整、主权的统一和国家的安全，在其统治范围内建立有效的政治和法律秩序，通过有效的资源汲取和分配，为公民提供基本的权利和福利；独立涉及国家的政治自主，主要指国家独立自主地选择意识形态和政治制度，在政治上拥有排他性的国家方针政策的决策权；发展事关国家国力的增长和民众的福祉，主要指国家通过把握成长的机会，实现国家在经济、社会、文化等领域的发展目标，不断提升国家在国际体系中的地位。②

　　大国在中国外交中扮演的角色是不言而喻的，事关中国核心利益的维护。而匈牙利作为一个小国，能够发挥积极作用，也是值得我们关注的。在国际体系

---

　　① 阎学通：《中国国家利益分析》，天津人民出版社 1996 年版，第 10—11 页。

　　② 王公龙：《关于国家核心利益的几点思考》，《国际展望》2011 年第 4 期，第 118 页。

中，尽管大国和小国分量不一样，发挥的作用也不一样，但在推进中国核心利益维护方面，每个国家包括小国的角色和作用也值得研究，不能忽视。在这一点上，匈牙利提供了一个很好的范例。匈牙利在南海等涉及中国主权和领土完整等核心利益上表态积极，成为欧盟内部支持中方立场的代表国家之一；而在选择各自的发展道路问题上，两国也彼此相互尊重和互相支持。

一 "一带一路"倡议与"向东开放"政策相互支持

在《中华人民共和国和匈牙利关于建立全面战略伙伴关系的联合声明》中，双方强调致力在中国提出的"丝绸之路经济带"和"21世纪海上丝绸之路"（简称"一带一路"）和匈牙利提出的"向东开放"政策框架下共同推动双边合作。双方将以两国政府签署的共建"一带一路"谅解备忘录①为基础，以双边"一带一路"工作组会议为重要平台，根据实际需要及时召开工作组会议，加强各自发展战略对接、规划对接，共同编制并实施《中匈"一带一路"建设合作

---

① 据统计，匈牙利是欧洲也是世界上最早与我国签署"一带一路"谅解备忘录的国家之一。

规划纲要》，筹建中匈"一带一路"合作促进中心，拓展和深化务实合作，共同保障两国有关合作项目安全顺利推进，实现双方和平、可持续发展和共同繁荣。

中国"一带一路"建设的旗舰项目——匈塞铁路项目目前正在匈牙利积极推进，尽管面临诸多挑战，但双方正在寻求务实的解决办法。一旦匈塞铁路建成，将会切实造福于中匈乃至中欧各国人民。

二　中国的领土主权完整与匈牙利扮演的重要角色

在《中华人民共和国和匈牙利关于建立全面战略伙伴关系的联合声明》中，双方重申，尊重对方主权和领土完整、核心利益和重大关切。匈方重申奉行一个中国原则，反对任何损害中国主权和领土完整的言论和行为。中方高度赞赏匈方正确立场。

2016年7月15日，欧盟正式宣布了对南海仲裁的立场：欧盟及其成员国，作为《联合国海洋法公约》的缔约方，承认仲裁法庭的判决并承诺基于《国际法》和《联合国海洋法公约》致力维护海洋法律秩序，以和平的方式解决争端。欧盟对事关主权问题不持立场，并表示相关各方应通过和平方式解决争端。事实上，在涉南海问题上，欧盟做出这种决定是审时度势的结果，与包括匈牙利在内的欧盟成员国支持中国立场有很大关系。

三　中匈双方在"16＋1合作"框架下
　　开展密切合作

自 2012 年中国和中东欧 16 国启动"16＋1合作"框架以来，匈牙利一直扮演着重要角色。

中匈在"16＋1合作"框架下创造了很多"第一"：匈牙利是第一个同中国签署关于共同推进"一带一路"建设的政府间合作文件的欧洲国家，第一个同中国建立和启动"一带一路"工作组机制的欧洲国家，第一个中国在中东欧地区设立人民币清算行的国家，第一个发行人民币债券的中东欧国家，第一个设立中国国家旅游局办事处的中东欧国家，同时也是第一个在国内实行母语和汉语双语教学的欧洲国家。

匈牙利不仅是中国和中东欧国家合作的主要开创者之一，而且是主要的推进者，2011 年举办了首届中国和中东欧国家经贸合作论坛，2017 年又承办了第六次中国和中东欧国家领导人峰会。在"16＋1合作"框架下，匈牙利还是旅游促进协调机制和企业联合会的主要承接者，在促进中国和中东欧国家旅游合作方面做出重要贡献，同时，中匈在"16＋1合作"框架下还积极推进基建、金融、科教文卫等深度合作。

四　中国和匈牙利彼此尊重各自的
　　发展道路

内政问题是国家的最主要问题之一，选择什么样的发展道路，走什么样的路，是各国人民自行决定的。在这一点上，中匈双方有着共识。

在《中华人民共和国和匈牙利关于建立全面战略伙伴关系的联合声明》中，中匈双方表示，尊重彼此根据各自国情选择的发展道路和内外政策。匈方高度评价中国改革开放以来取得的伟大成就，赞赏习近平主席提出的实现中华民族伟大复兴的中国梦，相信这一进程将给世界带来更多发展机遇。中方高度评价匈方独立的外交和经济政策，事实证明在快速演变的世界中，匈方有关政策取得成功并使匈牙利更加强大。在选择适合自己的发展道路问题上，双方都做了各自的探索。中国奉行独立自主的和平外交政策，坚持走中国特色的社会主义道路，坚持与西方和而不同的发展思想。而匈牙利的发展道路集中体现在"欧尔班经济学"上，坚持走匈牙利自己的道路，秉承具有特色的匈式内政和外交政策。

早在 2014 年 2 月，习近平主席同匈牙利总理欧尔班会面时，双方均说了一段意味深长的话。习近平表示，中匈两国传统友谊深厚。中国人民不会忘记，匈牙利为新中国早期发展建设提供了宝贵帮助。两国建交65年来，双边关系基础始终牢固，合作一直良好，特别是建立友好合作伙伴关系10年来，中匈关系全面、快速发展。中方愿同匈方一道，继续相互理解和支持，全面加强合作，促进两国关系在新的水平上更好发展。习近平指出，万物并育而生，人类社会多元共存。世界应该保持多样化发展。鞋子合不合脚，只有自己的脚知道。一个国家走什么道路，只有这个国家的人民有权做出选择。实践是检验真理的唯一标准，经过长期艰苦探索，中国人民终于找到了符合本国国情的发展道路，走在民族复兴的伟大征程上。我们正在以全面深化改革为动力，朝着"两个一百年"的目标迈进。我们对未来充满信心。欧尔班则表示，匈牙利高度赞赏中国取得的巨大成就。中国的成功带来的重要启示是，一个国家必须根据本国的实际情况选择发展道路，既不能照搬照抄，也不能削足适履。匈牙利主张世界多极化，支持中国和平发展，高度重视中国在国际上发挥的重要和建设性作用。匈方希望同中方加强高层交往，继续相互支持，加强务实合作，深化传统友谊。①

---

① http://www.gov.cn/ldhd/2014-02/13/content_2599122.htm.

五　中匈双方未来面临良好合作机遇

在中匈两国缔结全面战略合作伙伴的基础上，未来双边关系有望更进一步。政治共识的加深有助于双方在决策领域进一步加强协调，夯实政治信任基础，完善合作路径；随着中国对匈投资稳步增长，经济相互依赖程度加深，双方在经贸领域合作仍有诸多潜力可挖；双边在金融和基建等具体领域合作已经稳步铺开，将成为未来合作的新增长点；在人文交流领域双方的合作也稳步推进，在科教文卫等领域有诸多合作抓手。

未来几年，中匈之间需要强化"一带一路"倡议和"向东开放"战略的合作力度，明晰合作路线图，形成更多具体的、可操作的项目或安排。同时，在涉及各自重大内政和外交方略上，可保持多层次的沟通与协调，了解彼此关切，支持彼此核心利益，使得中匈的全面战略伙伴关系走得更稳、更远。

六　中匈有发展成紧密依赖关系的动力

匈牙利学者 Tamas Novak 深刻地分析了中匈关系为什么可以发展成一种紧密的相互依赖关系。

　　在加入欧盟的道路上，匈牙利和其他中欧国家一样，目标在于尽快接轨欧盟的既有规则。自20世纪90年代初期以来，民主化和经济转轨背后的推动力量就与该国持续整合进欧洲—大西洋空间（包括北约和欧洲联盟）有关。在这一时期，转型似乎是势不可当的，唯一的问题在于在追赶的进程中何时会实现家庭收入大幅增长。在加入欧盟之前，匈牙利经济、政治转型和外交政策导向调整背后最重要的推动力量是欧盟。2004年入盟的目标得以实现，以往一致支持欧盟的环境发生了改变，成员国身份的激励作用和规制效果在某些方面正在消失。

　　当欧盟东扩的活跃时期结束后，由于对生活水平的期望未能满足，中东欧部分地区出现了明显的不稳定迹象。对二十多年来转型和加入欧盟进程的成就和基本理论的质疑开始变得更为强烈，同时还质疑欧盟的能力和效率。匈牙利与欧盟的趋同性和波兰、斯洛伐克相比都要低，和捷克相比其发展水平也是落后的。

　　因此，关于经济转轨成功的怀疑论得到了发展，对于欧盟不利于欧洲趋同的看法也在匈牙利出现了。欧盟的经济发展"不那么有希望"，与之并行的是一些新兴国家对危机的成功应对被认为是走在更正确的道路上。在匈牙利，政治家和经济专家开始发声，认为有必要摆脱西方（欧盟）的全面影响，独立发展与快速增长的新兴地区的经济、政治关系。

在这一框架下，匈牙利有了新的表述，其重要的内容如下：中东欧国家的整个转型是建立在西方意识形态和原则基础之上的，似乎并不符合中东欧国家的利益，在匈牙利投资的跨国公司只是在榨取他们的"超额"利润，而忽视了匈牙利的真正利益。欧盟在运用经济和政治规则时使用双重标准，要求"新"的、弱小的成员国比老成员国和大成员国有更好的表现。

欧盟内部的这些问题，引发匈牙利积极探索新战略，随着中国对中东欧地区的兴趣日益增长，匈牙利看到了新的合作机会。中国近年来发起的"16＋1合作"倡议对中东欧国家具有吸引力这是符合逻辑的，也势必会具有充足的动力的。①

---

① Tamas Novak, *Interaction between Geographically Distant Countries：Framework for Working Together*。本文系作者首次贡献于本书。

第二章　中国和匈牙利的政治关系

1949 年中华人民共和国成立以来，中国与匈牙利的双边关系经历了建交、蜜月、波动、恶化、重建、成熟等一系列变化。中匈关系经过将近 70 年的发展，两国在政治领域合作不断增多，理解不断加深，在国际事务上互相支持，积极配合。作为中国在中东欧地区最为重要的合作伙伴之一，匈牙利已经成为欧盟内部处理与中国相关国际事务时最为坚定的中国支持者。中匈两国政治关系稳步发展，成果丰硕，双方借助中国—中东欧国家合作框架提供的广阔平台，致力于为两国人民谋求更多福祉，中匈关系的健康快速发展业已成为中东欧地区对华关系的典范。

一　中国与匈牙利政治关系的发展历史

中国与匈牙利的政治关系十分具有代表性，在众多的中东欧国家中，匈牙利为发展同中国的政治关系做出了很多努力。1949 年 10 月 4 日，匈牙利与中国正式建立大使级外交关系，成为第一个承认新中国的中东欧国家。东欧剧变后，中东欧国家与中国的政治关系开始逐步恶化，高层交往逐步中断。21 世纪初期，匈牙利开始与中国重建双边关系，成为第一个致力同中国深化政治关系的中东欧国家。① 2012 年春，匈牙利提出"向东开放"政策（Eastern Opening policy），成为本地区第一个提出发展与亚洲尤其是中国战略关系的国家。"一带一路"倡议提出以来，匈牙利又积极支持，在 2015 年 6 月 6 日与中国政府签署了"一带一路"合作文件，成为第一个确认加入"一带一路"倡议的欧洲国家。

回顾中国与匈牙利政治关系发展历史，既有中东欧国家与中国交往时遇到的共性问题，也有匈牙利本国特点的独特性。匈牙利同中国正式建交后，周恩来总理和卡达尔·亚诺什总理在 1957 年完成互访，开启了中匈关系发展的新时代。1959 年 3 月，朱德副主席率领中国党政代表团访匈后，明尼赫·费伦茨总理随即在 4 月访问中国，并与周总理签署了《中匈友好合作条约》。双方在国际事务上合作紧密，匈牙利在西藏

---

① Ágnes Szunomár, "Blowing from the East," *International Issues & Slovak Foreign Policy Affairs*, Vol. XXIV, No. 3, 2015, pp. 60 – 78.

问题、台湾问题以及中国在联合国合法身份问题上坚定支持中国政府的立场。然而自 20 世纪 50 年代末起，随着意识形态的分歧加大，中匈高层互访逐步中断。1966 年 9 月，匈牙利工人党邀请中共出席其"九大"，中共以"匈牙利跟随苏联修正主义反华、反共、反人民"为由拒绝出席，中匈政治关系逐步恶化。中匈双边关系在 20 世纪 70 年代逐渐恢复并开始改善，在贸易、科技与体育领域进行了交流，但两党间交往仍然处于中断状态。随着中国的改革开放，中匈两国、两党间交往逐步正常化，双方高层互访增多，政治关系开始转暖。但是，1989 年东欧剧变后，匈牙利同其他中东欧国家一样在外交政策上开始向西方靠拢，中东欧国家开始全力为加入北约和欧盟进行准备，发展与中国的关系显然不是匈牙利对外关系的重点，因此中匈政治关系发展开始放缓。[①] 进入 20 世纪 90 年代，中国为发展同中东欧国家的关系调整了外交政策，1995 年江泽民同志在访问匈牙利期间，全面阐述了中国与中东欧国家发展长期友好互利合作关系的五项原则，也就是所谓的"布达佩斯原则"：一、尊重各国人民的选择，不干涉别国内政；二、在和平共处五项原则基础上一视同仁地同各国发展友好合作关系；三、中

---

① Thomas Bondiguel, "Central Europe and China: towards a new relation?" EUROPEUM Institute for European Policy, Policy Analyses, 2007. 3.

国同中东欧国家没有根本的利害冲突；四、根据平等互利原则扩大中国同它们的经贸合作，促进彼此经济的发展，以造福于各自国家的人民；五、真诚希望中东欧地区稳定，各国人民友好和睦相处，支持和平解决相互之间的争端，尊重和支持本地区国家加强区域性合作的愿望。[①] "布达佩斯原则" 为日后推动与该地区国家友好合作关系的全面向前发展产生了深远影响。[②]

在进入 21 世纪后，中匈关系开始走上务实发展的轨道。2003 年，温家宝总理与麦杰希·贝戴尔总理共同签署了《匈牙利共和国与中华人民共和国联合声明》，两国在匈牙利即将加入欧盟的情况下迅速开启了发展双边关系的进程，双方希望通过政治对话进一步加强两国在经贸等领域的深入合作。麦杰希政府在总理办公室专门设立特使负责协调中匈双边关系以及协调政府间机制和公共管理方面的相关工作。由于麦杰希政府的重视，中匈关系迎来发展机遇期，中国银行匈牙利支行于 2003 年建立，布达佩斯的中匈双语学校于 2004 年建立，布达佩斯与北京之间的直航于 2004

①《中国与中东欧国家合作五项原则》，国际在线，2004 年 6 月 23 日，http：//gb. cri. cn/3821/2004/06/23/107@206803. htm。

②《苏联模式下改革不成功原因在制度》，凤凰网，2011 年 11 月 17 日，http：//news. ifeng. com/history/shijieshi/special/zhuxiaozhong/index. shtml。

年开通，以及中国品牌产品贸易中心（中国商城）于
2010 年建立，这些成果在中东欧地区均为首创。[①]
2009 年，时任国家副主席习近平对五个欧洲国家进行
访问，其中包括三个中东欧国家（保加利亚、罗马尼
亚和匈牙利），匈牙利学者 Ágnes Szunomár 认为习近平
此访标志着中国对中东欧国家的战略转变，中国开始
重视中东欧地区新兴经济体对于中国发展对欧关系的
意义。[②] 在中国"走出去"战略的推动下，中国需要
通过发展与中东欧国家的关系，密切与欧盟的合作。

二　中国与匈牙利双边关系进入
　快速发展时期

　　经过两国政治家多年耕耘，中匈关系在中国—中
东欧国家合作框架建立后迎来快速发展时期。2010 年
欧尔班·维克托政府上台以来，一直坚定支持世界多
极化、经济全球化的理念，匈牙利拥护具备较强竞争
力和话语权的新兴国家重塑全球秩序，中国就此成为

---

① Á. Szunomár, K. Völgyi, T. Matura, "Chinese investments and financial engagement in Hungary," Hungarian Academy of Science, Centre for Economic and Regional Studies, Institute of World Economics, Working Paper, No. 208, 2014.

② Ágnes Szunomár, "Blowing from the East," *International Issues & Slovak Foreign Policy Affairs*, Vol. XXIV, No. 3, 2015, pp. 60 – 78.

匈牙利对外政策的重点。随着"一带一路"倡议以及"16+1合作"框架的深入发展，匈牙利不断加强与中国在政治、经济、文化领域的对话，力求抓住中匈双边关系"黄金时代"的宝贵契机，巩固深化与中国的务实合作。

（一）政治互信推动双边关系升级

欧尔班总理在其竞选期间就曾公开表示，"我们在西方旗帜下航行，而世界经济正处在东风劲吹的时代，匈牙利必须为此做出调整"。2010年5月，胜选的欧尔班总理在当年10月即访问中国，显示了匈牙利对发展与中国双边关系的重视。2011年5月，戴秉国国务委员访问匈牙利，探讨深化双方在政治和文化领域的合作，并研究在运输、航空、能源等领域的经贸合作。2011年6月，温家宝总理访问匈牙利，这是24年来中国总理首次访问匈牙利。温家宝总理访匈激发了匈牙利对于发展双边关系的热忱，匈牙利媒体盛赞匈牙利为中国进入欧洲的门户，国际媒体更是称中匈关系进入"特别关系"新时代（special relationship）。[1]

自2012年中国—中东欧领导人会晤以来，中国—

---

[1] Ágnes Szunomár, "Blowing from the East," *International Issues & Slovak Foreign Policy Affairs*, Vol. XXIV, No. 3, 2015, pp. 60 – 78.

中东欧国家合作以机制建设为基础，双方关系不断深化拓展，呈现出全方位、宽领域、多层次的良好发展态势。① 匈牙利在与中国合作中继续保持强劲势头，在诸多领域领先其他中东欧国家。2016 年 11 月 30 日，王毅外长与匈牙利外长彼得·西雅尔多共同出席"一带一路"工作组首次会议开幕式并举行会谈，王毅盛赞中匈关系处于历史最好水平，两国之间建立的高度信任为中匈关系的发展奠定了坚实的基础。新时期，中匈关系又创造了很多的"第一"：匈牙利是第一个同中国建立和启动"一带一路"工作组机制的欧洲国家，是第一个中国在中东欧地区设立人民币清算行的国家，是第一个发行人民币债券的中东欧国家，是第一个设立中国国家旅游局办事处的中东欧国家。这些"第一"的纪录充分表明了中匈关系发展的高水平。②

随着务实合作的不断开花结果，两国双边关系的升级自然是水到渠成。2017 年 5 月 13 日，习近平主席与来华出席"一带一路"国际合作高峰论坛的欧尔班总理共同宣布两国建立全面战略伙伴关系。双方强调高层交往对双边关系发展的重要引领作用，愿不断巩

① 《中国—中东欧合作机制及其走向》，新华网，2015 年 11 月 24 日，http：//news. xinhuanet. com/world/2015 – 11/24/c_128461513. htm。

② 《王毅：中匈关系创造很多"第一"，充分证明两国高度互信友好》，环球网，2016 年 11 月 30 日，http：//world. huanqiu. com/hot/2016 – 11/9754180. html。

固政治互信，同意密切两国高层交往，加强两国中央和地方政府、立法机构及政党间各级别的交流与合作。①

（二）深化国际事务中协调与配合

中匈政治关系中的高度互信以及双边关系升级为全面战略伙伴关系令匈牙利政府对中匈双边关系发展非常期待。2015 年 12 月，匈牙利外长西雅尔多就公开表示中匈关系处于历史最佳时期，匈牙利的政治家们认为中匈关系"没有任何棘手的问题"，他们坚信中匈关系的未来重点是在经贸关系上，他们对中国参与匈牙利经济发展非常看重和期待。② 为了巩固与中国的政治关系，在国际事务以及欧盟地区事务中，匈牙利与中国政府积极协调，对中国政府的立场给予了极大的支持。

（1）市场经济地位

经过 30 多年的发展，作为世界第二大经济体，中国的市场化改革取得的成绩有目共睹，已然是一个成

---

① 《习近平会见匈牙利总理　宣布两国建立全面战略伙伴关系》，中新网，2017 年 5 月 13 日，http：//www. chinanews. com/gn/2017/05 - 13/8222903. shtml。

② Tamás Matura, "Hungary and China：Hopes and Realities," in Mikko Huotari, Miguel Otero-Iglesias, John Seaman and Alice Ekman, eds, Maping Europe-China Relations：A Bottom-Up Approach, Berlin：The European Network of China, 2015, pp. 41 - 43.

熟完善的市场经济国家。然而，多年来欧盟始终拒绝承认中国的市场经济地位，这成为制约中欧关系发展的一大障碍。中国政府援引世贸谈判条款，欧盟理应在 2016 年 12 月 11 日前承认中国的市场经济地位。尽管欧盟内部对是否承认中国市场经济地位存在巨大争议，但匈牙利在 2016 年 5 月 30 日即对外公开表示将全力支持承认中国的市场经济地位。[①] 西雅尔多外长在 6 月 9 日表示，匈牙利会在欧盟外交理事会上坚持上述立场。

（2）南海仲裁案

2016 年 7 月 12 日，南海仲裁案在海牙常设仲裁法院宣判，中国政府在当日即发表声明，严正指出该裁决是无效的，没有约束力的。[②] 巧合的是，南海仲裁案宣判日恰逢 2016 中国—欧盟峰会在北京开幕，由于三个国家的反对（匈牙利、克罗地亚和希腊），欧盟并没有在南海仲裁案上形成一致的立场。除了克罗地亚是由于同斯洛文尼亚存在领土争端而拒绝表态，匈牙

[①] "Hungary supports granting China market economy status," *Budapest Business Journal*, May 31, 2016, http：//bbj. hu/economy/hungary-supports-granting-china-market-economy-status_116908.

[②] 中华人民共和国外交部，《中华人民共和国外交部关于应菲律宾共和国请求建立的南海仲裁案仲裁庭所作裁决的声明》，2016 年 7 月 12 日，http：//www. fmprc. gov. cn/web/zyxw/t1379490. shtml。

利和希腊对中方的支持都是源于坚实的双边关系基础。[1] 7月15日，亚欧首脑峰会在乌兰巴托举行，匈牙利外长西雅尔多在与王毅外长的会谈中明确表示，匈牙利将支持中国政府在南海仲裁案上的立场，南海问题应由地区直接当事方协商解决，外部压力无助于和平解决南海问题。[2]

（3）"一带一路"倡议

对于中国发展与中东欧国家关系，欧盟内部一直有质疑的声音，认为中国在分化欧洲，但匈牙利认为"16＋1合作"有利于中欧合作，坚持与中国进行务实合作，推进"一带一路"倡议在中东欧地区的项目落地。2016年4月12日，匈牙利议会以123票赞成、6票反对、45票弃权的投票结果批准匈牙利和中国政府签署的关于匈塞铁路匈牙利段开发、建设和融资合作的协议。[3] 匈塞铁路作为中国—中东欧国家合作的旗舰项目，对吸引更多欧洲国家积极参与"一带一路"建

---

[1] Georgi Gotev, "EU unable to adopt statement upholding South China Sea ruling," EurActiv.com, July 14, 2016, http：//www.euractiv.com/section/global-europe/news/eu-unable-to-adopt-statement-upholding-south-china-sea-ruling/.

[2] 《王毅会见匈牙利外交与对外经济部部长西雅尔多》，中华人民共和国驻匈牙利大使馆网站，2016年7月15日，http：//www.fmprc.gov.cn/ce/cehu/chn/xwdt/t1381953.htm。

[3] 《匈国会批准匈中政府铁路合作协议》，中国政府网，2016年4月13日，http：//www.gov.cn/xinwen/2016－04/13/content_5063667.htm。

设具有引领和示范效应。①

三 中国与匈牙利政治关系发展的
难点与挑战

尽管目前中匈双边关系健康稳定，政治高度互信，合作势头良好，但匈牙利作为欧盟成员国在政治上自然受到来自欧盟的一些制约。同时，匈牙利国内政局也存在一定的不稳定因素。

（一）欧盟：防范中匈深化合作

一直以来，欧盟都对中国提出的"16 + 1 合作"框架存有较大的质疑，欧盟内部的西欧大国认为中国在挖欧洲的墙脚，猜测中国试图通过拉拢中东欧国家对欧盟进行分化，从而达到自身的政治目的。2017 年8 月30 日，德国副总理兼外长锡格默·加布里埃尔在巴黎表示，"中国的影响力已经扩展到欧洲的日常政治生活中，如果欧洲不能制定出共同的对华战略，中国将成功地分化欧洲"。②

欧盟对中国与中东欧国家的务实合作，尤其是基

---

① 《匈塞铁路，中欧共建"一带一路"的旗舰》，新华网，2016 年11月6 日，http：//news. xinhuanet. com/world/2016 – 11/06/c_129352644. htm。

② 《中国试图分化欧洲？中方这样回应》，参考消息网，2017 年9月1 日，http：//mini. eastday. com/a/170901221106782. html。

础设施建设方面的合作，表现出的关注主要源于担心中国在中东欧地区的介入会弱化欧盟在本地区的政治威信。虽然欧盟的政策工具和法律框架在中东欧国家的社会发展中起到了非常重要的作用，但目前深陷多重危机的欧盟无法满足中东欧国家渴望的基础设施升级要求，中东欧有很强的同中国合作的动力。欧盟不希望中国与中东欧国家如火如荼的合作降低中东欧国家对布鲁塞尔的依赖程度，并且在政治上倾向中国。匈牙利、波兰等国对于中国在国际事务以及地区事务上的支持，被欧盟看作"因经济联系而导致的政治化"（Politicization），从而对中国政府推行的政策采取政治顺从（Political Compliance）。①

　　2016年5月26日，欧盟委员会启动了对匈塞铁路项目的预备调查，要求各方澄清问题，并且同时对涉嫌在匈塞铁路建设筹款过程中的腐败问题提起诉讼。②匈牙利政府在8月回信向欧盟委员会做出解释，强调

① Bartosz Kowalski, "China's foreign policy towards Central and Eastern Europe: The '16 + 1' format in the South-South cooperation perspective. Cases of the Czech Republic and Hungary," Cambridge Journal of Eurasian Studies, Januavy 2017, https://doi.org/10.22261/7R65ZH.

② 布鲁塞尔怀疑该铁路工程背后有贪腐嫌疑。主要原因是招标程序的缺失和匈牙利国家铁路总公司（MÁV）在负责施工的联合企业中的作用不明。政府间协定直接授权给有中匈铁路企业参加的财团，违反了欧盟的竞争法规。偿还中方贷款的义务则影响遵守欧盟有关减少国债额度的规定。http://www.bjfao.gov.cn/yhjw/city/europe/Belgrade/91406.htm。

政府间协议与欧盟共同商业政策无关，并没有违反欧盟的相关条约。2017 年 2 月 20 日，欧盟委员会对匈塞铁路的财务可行性以及招标过程继续进行调查。鉴于欧盟的办事效率，调查过程会耗费较长时间，对匈塞铁路项目会造成一定的影响。

由于匈牙利在难民问题上一直不与欧盟合作，在制裁俄罗斯问题上也与欧盟观点相悖，因此欧盟希望通过缩减财政支持对其进行惩罚。然而中国资金、技术和就业机会的入驻，在一定程度上会波及欧盟在该地区的制度性存在以及经济影响力，因此欧盟会利用法律和制度上的话语权对欧盟成员国进行监管，欧盟与匈牙利双方的博弈将在未来一段时期持续。

（二）匈牙利：国内政治稳定存在一定的问题

欧尔班政府自 2010 年上台以来，一直执政至今，在青年民主主义者联盟（青民盟）一党独大的情况下，① 稳定的匈牙利政坛也面临一系列问题。首先，匈牙利于 2011 年修改选举法，对国会选举的流程进行大幅修改，包括从两轮制改为一轮制，并缩减议员席位，这无疑使进入国会政党的门槛大幅提高，限制更加苛

---

① 2014 年 4 月国会大选，匈牙利执政党青民盟及其同盟党基督教人民党获得 199 个议会席位中的 133 个席位，所占比例超过了 2/3。参见 http：//opinion. china. com. cn/opinion_86_129286. html。

刻，引发一些反对党的不满。其次，欧尔班政府对银行、电信、能源等部门增加税收，甚至提征"互联网税"的计划，遭到了不少社会阶层的反对。最后，欧尔班政府对国内新闻媒体进行一定程度的控制，国内青年人经常举行抗议示威游行，来抗议政府对新闻媒体的控制。因此，在发展中匈政治关系时，应对匈牙利国内政局保持密切关注，同时应了解反对党和重要社会团体的政治诉求，保障中匈政治关系的健康发展。

面对今天中匈全面战略合作伙伴关系的大好形势，中匈两国的政治家应该深化务实合作，维系政治互信，平衡各方利益，坚持走平等互信、互助共赢的发展之路。

四　匈牙利内部对发展对华关系的看法

中匈双边关系已经有近 70 年的发展历史，尽管两国在不同历史时期经历了双边关系的起伏，但在新的历史时期，中匈两国的双边关系正处于历史上最好的发展阶段。在此背景下理解匈牙利内部对中匈关系的看法以及利益诉求，有助于双方在未来进行更有互补性的合作，从而确保双边关系长期健康、稳定地发展。总体上看，目前匈牙利国内对于发展中匈政治关系的看法可以总结为：乐观看待合作前景、谨慎看待合作困难以及全面确保自身利益。

（一）乐观看待合作前景

目前，匈牙利是中国对中东欧地区投资的重要接收国，在多个领域与中国保持密切合作关系。在中匈关系升级为全面战略伙伴关系之后，匈牙利各界对于中匈关系的未来发展持乐观积极态度。根据《中华人民共和国和匈牙利关于建立全面战略伙伴关系的联合声明》，双方将加强各自发展战略对接、规划对接，共同编制并实施《中匈"一带一路"建设合作规划纲要》，筹建中匈"一带一路"合作促进中心，拓展和深化务实合作，共同保障两国有关合作项目安全顺利推进，实现双方和平、可持续发展和共同繁荣。双方将在经济、基础设施建设、交通物流、电信、能源、化工、汽车制造、民航、农业、食品加工、电子商务、科技、水利、环保、展览、金融、文化、教育、卫生、体育、旅游、签证等领域展开全面合作。[①] 匈牙利各界欢迎中国资金、人才、企业支持匈牙利国内建设，希望通过"一带一路"倡议和"16 + 1 合作"平台为匈牙利人民谋取更多福利，并通过与中国的务实合作将

[①] 《中华人民共和国和匈牙利关于建立全面战略伙伴关系的联合声明》，新华网，2017 年 5 月 13 日，http：//news. xinhuanet. com/2017 - 05/13/c_1120966856. htm。

匈牙利作为中国进入欧洲的门户之一，从而提升匈牙利在本地区的影响力。

（二）谨慎看待合作困难

虽然中匈关系稳步向前发展，成果斐然，但鉴于中匈两国国情的差异，匈牙利国内的一些学者对待中匈关系发展中潜在的困难也保有清醒的认识。

匈牙利国内舆论认为目前匈牙利与中国在经贸合作领域的快速发展以及吸引中国投资的强大能力并没有转化为匈牙利政治地位的全面上升。[①] 匈牙利国内有声音认为早在 2004 年同中国建立的友好合作伙伴关系并没有体现出匈牙利在本地区内的特殊性，而刚刚升级的双边关系能够为匈牙利带来的角色提升还有待观察。

匈牙利与欧盟的关系也是关注的焦点，由于在难民等问题上匈坚持己方立场，这有可能会面临布鲁塞尔的惩罚性措施。匈牙利国内学界认为中国在世界多极化背景下需要与欧盟建立坚实的战略合作关系，因此在中欧发展的大背景下中国对于匈牙利的"容忍"程度决定了未来中匈关系的发展前景，毕竟中国不能

①　Bartosz Kowalski, "China's foreign policy towards Central and Eastern Europe：The '16 + 1' format in the South-South cooperation perspective. Cases of the Czech Republic and Hungary," *Cambridge Journal of Eurasian Studies*, January 2017, https：//doi. org/10. 22261/7R65ZH.

与一个遭到排挤的欧盟成员国大力发展双边关系。① 匈牙利国内学界认为中国—匈牙利—欧盟的三角关系在考验所谓的中国与匈牙利源远流长的传统友好关系是否足够坚定，也有声音认为中国未来有可能会在对匈合作中附加关于"遵循欧盟重要政策"的条件，以将中匈关系发展框定在欧盟可接受的范围内，避免不必要的摩擦。匈牙利国内担心一旦中匈关系从"无条件"（unconditional）转化为"有条件"（conditional）会影响两国的政治关系。

从国家能力来看，匈国内担心匈牙利有可能会在地区竞争中被其他国家所取代。匈牙利政府目前已经与中国政府建立了互信稳定的政治关系，并且给予中国非常多的合作条件支持，这也是匈牙利成为中东欧地区吸引中国投资最多国家之一的原因。然而匈牙利在各方面的优势并非本地区国家中最为突出的，匈牙利国内有声音担心一旦有国家在政治合作、招商引资、政策支持等方面开出了比匈牙利更为优越的条件，那么匈牙利会丧失本地区与中国政治经济关系的先发性优势。甚至有更悲观的论调认为，一旦中国不能长久维持对中东欧地区的政治投入和经贸投资，中东欧地

---

① Miklós Horváth, "An unconditional love Hungary-China relations at a glance", Grotius, http：//www. grotius. hu/doc/pub/KMRGPK/2014 – 12 – 19_miklos_horvath_an-unconditional-love-hungary-china-relations-at-a-glance. pdf.

区的小国将难以维系与中国热络的政经关系，那将使匈牙利的发展减速，难以达到同中国合作时的高度。但悲观假设的作者自己也承认，这是比较极端的想法，发生的可能性极低。[①] 当然，担心并不代表失望，匈牙利国内舆论认为，同本地区的其他国家相比，匈牙利在对华关系的历史上有一份不错的成绩单，毕竟匈牙利在中国人权、环境等问题上保持了非常友好的态度，这也是匈牙利舆论比较自豪的一点。[②]

（三）全力确保自身利益

匈牙利国内舆论认为中国发展与中东欧国家关系毕竟刚刚起步，在未来还存在比较大的变数，因此如何在与中国发展双边关系时能够全力确保自身利益的最大化成为匈牙利必须考虑的问题。

匈牙利国内有声音认为在目前"16＋1合作"平台发展初期阶段，中国在匈牙利落地项目的成功与否对未来中匈关系的发展将产生重要影响。中国需要在中东欧地区通过成功的落地项目推动与中东欧国家的务实合作，同时希望通过成功的案例为后续的项目提

---

① Miklós Horváth, "An unconditional love Hungary-China relations at a glance", Grotius, http：//www. grotius. hu/doc/pub/KMRGPK/2014 - 12 - 1 9_miklos_horvath_an-unconditional-love-hungary-china-relations-at-a-glance. pdf.

② John Fox and François Godement, "A Power Audit of EU-China Relations", ECFR, 2009, p. 6.

供宝贵经验、提振合作信心。但目前匈塞铁路匈牙利段遇到不少困难，这令匈牙利国内舆论担心中国会选择更为可靠安全的合作伙伴进行旗舰项目的操作。因此，匈牙利学者认为政府必须通过政策途径巩固与中国的合作基础、提升双方的合作规模、细化合作内容和目标，这样才能保持匈牙利在本地区的吸引力，确保匈牙利的国家利益。

虽然匈牙利早在 2011 年就推行了"向东开放"政策，但该政策是面向全亚洲的一个宏观政策，并没有面向具体国家进行有针对性的部署。匈牙利国内学者认为随着中国的"一带一路"倡议在中东欧地区生根发芽，区域内的国家都会来吸引中国的投资，如果匈牙利不能够进一步巩固之前与中国建立的合作关系，那么很有可能会被后来者追上。匈牙利有学者呼吁，匈牙利应该在"向东开放"政策的框架下，与时俱进地推出便利中国投资的新战略，毕竟从投资体量和重要性来看，中国都值得匈牙利为之制定一个全新的战略。①

---

① Ágnes Szunomár, "Blowing from the East," *International Issues & Slovak Foreign Policy Affairs*, Vol. XXIV, No. 3, 2015, pp. 60 – 78.

第三章 中国和匈牙利的经贸关系

一 中国与匈牙利经贸关系的基本概况

在过去的十几年里，匈牙利政府无论政治倾向如何，都致力发展和中国的关系。因此，匈牙利愿意与中国开展各种类型的合作，把握推动经济关系的任何机会，并在如承认中国市场经济地位等许多问题上支持中国。

匈牙利一直希望能够成为中国通往整个欧洲的门户或枢纽，双方的投资和贸易关系也变得越来越重要。另外，成为中国商品运往欧洲市场的主要中转路线之一已成为匈牙利政府的最新目标。

按照上述原则，本章主要通过关注双方投资和贸易资金流动来分析中匈间的经济关系。本章列举了双方关系变化的模式和动机，描述了中国企业曾将包括匈牙利在内的中东欧国家视为通往欧洲市场的窗口，但近期它们的投资意图略有扩展到中东欧国家。随着2008 年经济危机的爆发以及"一带一路"倡议的提出，中国企业探寻到新的发展机遇并越来越多地获得中东欧国家认可。

二　中国与匈牙利的贸易合作

（一）中匈贸易发展进程

自 1990 年中国同匈牙利正式签署经贸协定以来，双边贸易平稳发展，呈不断向好的上升态势。时至今日，中国已经是匈牙利除欧盟以外的第一大贸易伙伴国，而匈牙利也是中国在中东欧地区的第三大贸易伙伴国，2016 年中匈双边贸易额达 88.9 亿美元。

纵观几十年来的发展，可以将中匈双边贸易的发展历程划分为如下几个阶段：

1. 1998 年以前的初创期

在这一时期内，中匈双边贸易主要集中在服装、鞋帽等日用纺织品领域。彼时东欧剧变的余波未平，东欧各国面临政治经济体制的转型，生产衰退、经济萧条，原有的供需体制瓦解，使得匈牙利当时原本发展就不充分的轻纺市场犹如真空，根本难以满足市场的需要。在这一时期，我国的制造业恰恰以纺织、服装加工等劳动密集型生产为主。因此，我国同匈牙利的贸易尤其在纺织品领域得以开展，但规模比较小。

2. 1999—2003 年的平稳发展期

这一时期，匈牙利的经济已经从"转型性衰退"中走了出来，国内生产总值有了较大幅度的增长，进入了平稳增长阶段。就中匈贸易而言，此时匈牙利轻纺市场已趋于饱和，甚至出现货物积压、竞相压价的残酷竞争局面；与此同时，我国也逐渐开始经济结构的优化，零部件加工等与机械制造相关的产业逐步兴起。随着中匈双方在机械加工制造领域合作的逐步开展，中匈双边贸易规模稳步上升，从 1999 年的 6.2 亿美元逐步扩大到 2003 年的 25.9 亿美元，在不到五年的时间里翻了两番。

3. 2004—2008 年的快速发展期

随着 2004 年 5 月匈牙利加入欧盟，匈牙利市场正式成为欧盟市场的一部分，其国内法律法规也完全与欧盟接轨，市场更趋于正规化，匈牙利人民收入水平逐步提高，购买力进一步增强。对于中方而言，这意味着贸易市场的进一步扩大，即由匈牙利和部分中东欧国家组成的市场，扩大到有五亿人口的欧盟大市场，我国对匈经贸合作具有了更加重大和深远的意义，双方经贸合作发展前景更加广阔。随着我国市场经济体制逐步确立，产业结构进一步优化升级，制造业水平显著提高，中匈双边贸易规模飞速增长，结构不断优化，从低廉的纺织品领域逐渐拓展至资本和技术更加密集的机电产品领域。

4. 2008 年至今的新时期

这一时期受美国次贷危机和欧洲债务危机的叠加影响，匈牙利的经济受到严重冲击，经济转型中的积弊暴露无遗，匈牙利陷入经济危机的漩涡难以自拔。经济危机对中匈贸易也造成了较大冲击，双边贸易额有所起伏。2011 年 11 月 21 日，匈牙利政府向国际货币基金组织和欧盟提出金融援助的申请。匈牙利实体经济受到了巨大打击，因此中匈双方贸易额陡降。近几年，受全球经济恢复疲软，新兴市场经济遇冷等因素的影响，双方经贸合作遇到了不小的阻力，贸易额连年呈现递减趋势，恢复增长乏力。不过，随着"16 + 1 合作"的推进，尤其是"一带一路"建设在中东欧地区的落地，双方贸易总的来说逐步实现了恢复性的增长。

自 2010 年欧尔班政府执政以来，中匈经贸关系日益升温，匈牙利政府出台了"向东开放"政策。从实际上看，尽管匈牙利政府的"向东开放"政策加速了中匈经济关系的发展，但该项战略早在 2012 年正式公布前便已启动。例如，2004 年，匈牙利驻上海领事馆重新开馆，2010 年又在重庆新设领事馆。为了深化中匈经济双边关系，双方建立了匈中经济商会、中匈经济联委会等组织。另外，匈牙利多年来一直通过多边论坛来发展与中国的关系：首届中国和中东欧国家经贸论坛在匈牙利布达佩斯举办；2012 年，随着"16＋1 合作"的开启，每年匈牙利政府与中国通过 16＋1 峰会进行最高级别的会面。

（二）中匈双边贸易的结构分析

自 1984 年以来，中匈双方签署经贸协议有 22 项①，涵盖经济技术合作、科技合作、旅游合作、中小企业合作等方方面面，为双边贸易在良性轨道上持续健康发展提供了制度保障。中匈双边贸易的体量虽然不是太大，但贸易结构较为合理，发展快速顺利。对联合国商品贸易统计数据库（UN Comtrade）中相关中匈贸易数据，按照国际贸易标准分类（SITC）1 位数的分类进行进、出口总额的分类统计（详见表 3－1、表 3－2），可以发现：

2008—2016 年，中国对匈牙利出口总体呈下降趋势，出口产品主要在第 7 类和第 8 类，即"机械和运输设备"和"杂项制品"（含家具及其零件、服装及衣服配件、鞋子、旅游用品等）。这两类商品占中国对匈出口总额的 90% 以上，且贸易额波动不大，比较稳定。近

---

① 参见中华人民共和国驻匈牙利大使馆经济商务参赞处官网（http：//hu. mofcom. gov. cn/article/zxhz/201708/20170802621206. shtml），数据截至 2017 年 8 月。

年来第 5 类和第 6 类产品，即化学品和橡胶、钢铁、金属等按原料分类的制成品，呈缓慢上升趋势，这两项在我国对匈出口中的份额由 4% 增长到 8% 左右。

表 3 - 1　　　　按 SITC 分类中国对匈牙利出口额及其比重　　（亿美元、%）

年份	总额	SITC 0	SITC 1	SITC 2	SITC 3	SITC 4	SITC 5	SITC 6	SITC 7	SITC 8	SITC 9
2008	6.1	0	0	0	0	0	1	3	74	22	0
2009	5.3	0	0	0	0	0	1	3	74	22	0
2010	6.6	0	0	0	0	0	1	2	75	22	0
2011	6.8	0	0	0	0	0	2	3	76	20	0
2012	5.7	0	0	0	0	0	2	3	72	22	0
2013	5.7	0	0	0	0	0	2	3	75	19	0
2014	5.8	0	0	0	0	0	2	4	72	21	0
2015	5.2	0	0	0	0	0	3	4	68	24	0
2016	5.4	0	0	0	0	0	3	5	73	19	0

资料来源：https：//comtrade. un. org/。

这一时期，中国从匈牙利进口总额总体呈缓慢上升趋势，进口产品也主要集中在第 7 类和第 8 类。与中国对匈出口贸易结构总体平稳不同的是，中国对匈牙利进口贸易的结构有了较大的变化，其中第 7 类产品的进口有较大幅度的下降，由 2008 年的 91% 降低至 2016 年的 74%，第 8 类产品的进口则从 0 大幅扩大到 10% 左右。第 5 类和第 6 类产品占比较小，但总体呈

上升趋势。0 类产品（即"食品和活畜"）从 2014 年
开始逐年增长，成为中匈贸易合作的一个新板块，这
与近年来中匈加强食品、乳制品、肉类出口的合作并
签署了一系列合作协议有关。2014 年中匈签署了《关
于中国从匈牙利输入牛肉检验检疫和兽医卫生条件议
定书》，2016 年则签署了 3 份相关协议，即《中国与
匈牙利进出口食品安全备忘录》《匈牙利乳制品输华
协定书》《匈牙利马匹输华协定书》。

表 3-2　　　　按 SITC 分类中国对匈牙利进口额及其比重　　　（亿美元、%）

年份	总额	SITC 0	SITC 1	SITC 2	SITC 3	SITC 4	SITC 5	SITC 6	SITC 7	SITC 8	SITC 9
2008	1.1	0	0	1	0	0	3	2	91	0	0
2009	1.2	0	0	1	0	0	3	2	89	4	0
2010	1.5	0	0	1	0	0	3	4	85	6	0
2011	1.7	0	0	3	0	0	2	4	84	6	0
2012	1.8	0	0	2	0	0	2	5	82	8	0
2013	2.0	0	0	2	0	0	4	7	76	10	0
2014	2.2	1	0	2	0	0	4	7	75	11	0
2015	1.5	2	0	1	0	0	6	6	72	11	0
2016	2.3	3	0	1	0	0	6	6	74	10	0

资料来源：https：//comtrade. un. org/。

利用显性比较优势指数（RCA），对中匈两国贸易数
据做进一步分析（见表 3-3），有助于我们更清晰、全面

地把握中匈贸易结构。显性比较优势指数以 1 为基准，大于 1 表示该国在该商品上具有比较优势，取值越大优势越明显，大于 1.25 表明该类商品具有较强的比较优势，大于 2.5 则表明该类产品具有极强的比较优势。

表 3-3　　中国、匈牙利 2009—2015 年显性比较优势指数

商品	SITC 0		SITC 1		SITC 2		SITC 3		SITC 4	
年份	中国	匈牙利	中国	匈牙利	中国	匈牙利	中国	匈牙利	中国	匈牙利
2009	0.43	1.05	0.15	0.29	0.20	0.50	0.15	0.21	0.07	0.76
2010	0.46	1.11	0.15	0.41	0.18	0.49	0.13	0.20	0.05	0.63
2011	0.46	1.14	0.16	0.48	0.18	0.54	0.11	0.22	0.05	0.78
2012	0.44	1.24	0.16	0.44	0.17	0.63	0.10	0.25	0.05	0.91
2013	0.42	1.20	0.15	0.64	0.17	0.55	0.10	0.23	0.05	1.46
2014	0.41	1.12	0.15	0.50	0.18	0.53	0.10	0.23	0.06	1.18
2015	0.40	1.05	0.17	0.43	0.18	0.48	0.12	0.23	0.06	1.07

资料来源：https：//comtrade. un. org/。

从国际贸易标准分类第 0—9 类产品，中匈两国的显性比较优势指数来看，第 0 类、第 4 类、第 9 类产品匈牙利相对于中国来说较有优势，第 6 类和第 8 类产品中国则较匈牙利有更大的优势，其中第 8 类产品中国的显性比较优势指数接近 2.5，具有极强的国际竞争力。在中匈双边贸易总额中占绝对多数份额的第 7 类产品，两国都具有较强的比较优势。结合中匈进出口贸易情况来看，匈牙利相对较有比较优势的第 0 类、

第4类、第9类产品对中国的出口占出口总额的比重微乎其微，仅第0类产品近年有较好的发展势头，这与匈牙利此三类产品（尤其是第4类和第9类）在国际贸易中不具有比较优势有关。第6类产品中国较有比较优势，但优势不明显，反映在中匈进出口贸易上的表现为，进出口额起伏幅度不大，增降不稳定。中国极具优势的第8类产品，近年来从匈牙利的进口却有了明显增长，显示出两国产业结构调整的趋势，双方在这一领域具有很强的互补性，有很好的产业合作前景。

总的来说，中匈双边贸易的结构比较单一，主要集中在机械和运输设备领域，匈牙利自中国进口的机电设备中，电机和电气设备占主要比重，中国自匈牙利的进口则主要以机械设备为主。其主要原因为，匈牙利加入欧盟后已深度融入欧洲大市场的国际分工之中，德国等的制造业产业链延伸至匈牙利，以至于匈牙利国内的工业主要集中于机械设备产业，其产值已超过其工业生产总值的三分之一。产业结构的单一，不仅造成了进出口贸易结构的单一，也导致了匈牙利应对经济危机的能力不足。匈牙利政府提出的"向东开放"政策，也在一定程度上反映出政府借中国的投资改善产业结构的意图。因此，双方在进出口贸易结构优化，相关产业调整、合作方面都有很大的空间，中国从匈牙利进口第0类、第8类产品逐年增加，已经反映出了这方面的前景和趋势。

（三）中国—中东欧贸易视野下的中匈贸易合作

就贸易关系而言，中国是匈牙利在进口方面最重
要的贸易伙伴之一：2005 年以来，中国一直排在第四
位或第五位（2010 年除外，排在第三位）。到 2012
年，中国占匈牙利进口总额的份额增长了两倍以上，
相较于 2003 年上涨了 5 倍多，2003 年至 2008 年间，
中国进口年均增长率为 24%。尽管如此，中国进口量
自 2000 年以来持续增长（如图 1 所示）。中国已成为
匈牙利在亚洲最重要的合作伙伴，匈牙利对华出口占
匈牙利出口总额的 3% 左右。

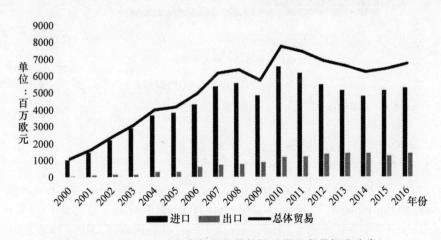

图 3 - 1　2000—2016 年中匈间贸易数据（国际贸易标准分类）

资料来源：欧盟统计局。

包括匈牙利在内的中东欧国家对外贸易中，欧盟

占据着重要地位。亚洲国家所占比例较低，不过近几年的发展使得它们的作用有所提升①。对亚洲的贸易比对欧盟或非欧盟地区更为活跃②。亚洲在中东欧国家进口的影响力远比出口高。贸易活力主要来源于与中国的贸易，并且中国已成为这些国家在亚洲最重要的合作伙伴。2000年至2016年间，中国同中东欧国家贸易中，出口的增长额度明显高于进口。

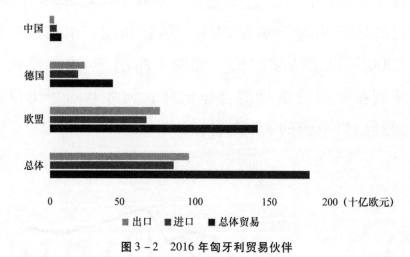

图3-2 2016年匈牙利贸易伙伴

资料来源：欧盟统计局。

① A. Éltető and Á. Szunomár, "Ties of Visegrád countries with East Asia-trade and investment," Budapest: Institute of World Economics, Centre for Economic and Regional Studies, Hungarian Academy of Sciences, 2015 (IWE Working Papers 214).

② A. Éltető and P. Toporowski, "Effects of the international crisis-development of four Central European countries'trade with Asia", Paper presented at the 15th ETSG conference, Birmingham, September 12 - 14, 2013, http://www. etsg. org/ETSG2013/Papers/297. pdf.

如果我们比较所有 16 个中东欧国家与中国贸易的情况，一些国家（尤其是巴尔干地区国家、斯洛文尼亚、克罗地亚）与中国贸易量十分低，在中东欧国家中四个维谢格拉德国家——捷克、匈牙利、波兰和斯洛伐克与中国贸易量最高，其次是罗马尼亚和保加利亚。中东欧国家与中国贸易的一个普遍特征就是具有相当大的贸易逆差，在这些国家中，波兰对中国贸易逆差也最高。过去十五年来，中东欧国家同中国这种贸易逆差呈现上升趋势，只有匈牙利和捷克在 2010—2011 年出现下降现象。2016 年匈牙利对华的贸易逆差为 3.86 亿欧元。

表 3－4　　　　　　　　　中国—中东欧贸易数据

	出口总量		进口总量		总贸易额	
	百万美元	占比（％）	百万美元	占比（％）	百万美元	占比（％）
总数	44016	100.0	14890	100.0	58907	100.0
波兰	15247	34.6	2531	17.0	17778	30.2
捷克	8055	18.3	2947	19.8	11002	18.7
匈牙利	5425	12.3	3463	23.3	8887	15.1
斯洛伐克	2868	6.5	2407	16.2	5275	9.0
罗马尼亚	3474	7.9	1441	9.7	4916	8.3
斯洛文尼亚	2293	5.2	436	2.9	2729	4.6
保加利亚	1065	2.4	584	3.9	1649	2.8
立陶宛	1300	3.0	163	1.1	1463	2.5
拉脱维亚	1079	2.5	132	0.9	1211	2.1

续表

	出口总量		进口总量		总贸易额	
	百万美元	占比（%）	百万美元	占比（%）	百万美元	占比（%）
克罗地亚	1028	2.3	161	1.1	1190	2.0
爱沙尼亚	967	2.2	211	1.4	1179	2.0
阿尔巴尼亚	518	1.2	130	0.9	647	1.1
塞尔维亚	434	1.0	162	1.1	596	1.0
黑山	109	0.2	33	0.2	142	0.2
马其顿	90	0.2	45	0.3	135	0.2
波黑	64	0.1	44	0.3	108	0.2

资料来源：中华人民共和国商务部、国家统计局。

自 2000 年以来，匈牙利的出口是以发动机为主导的，尽管其出口份额从 2009 年的近 50% 下降到 2014 年的 18%。出口份额下降的原因在于匈牙利大众集团子公司（匈牙利奥迪）减少了向中国子公司（一汽大众、一汽集团与大众汽车集团合资生产奥迪和大众汽车并在中国进行销售）交付发动机，这一下降影响了匈牙利对华的出口。

表 3-5　　　　匈牙利对华主要的出口商品占出口总额百分比　　　　（%）

年份	2000	2007	2009	2010	2014
	自动数据处理机	内燃活塞发动机	内燃活塞发动机	内燃活塞发动机	内燃活塞发动机
匈牙利币	17.75	44.80	48.45	35.77	18.18

资料来源：欧洲统计局。

近两年来，中东欧国家对华农产品出口有一定的增长。匈牙利获准向中国出口牛肉和牛奶制品，并且越来越多的企业可以向中国出口猪肉。

中国对中东欧国家出口的主要产品是电信设备，也是匈牙利从中国进口的最重要的产品，近几年来已占比40%—55%。一般来说，因为金融危机的影响，大多数中东欧国家从中国进口的总量有所下降，但危机过后进口量再次开始增长。

中国和中东欧国家间的贸易模式在过去十年间有了一些变化，某些领域受到更多的关注，其他领域则出现下降。这些结构性的变化通常导致中东欧国家与中国某些高技术贸易提升。其中匈牙利高技术对华出口量和占比均为中东欧国家中最高。[1]

中国—中东欧贸易的高技术密集体现在汽车、电子和通信产品上，这是以跨国公司在全球生产网络中活动为基础的。[2] 大多数中东欧国家与中国间对外贸易

---

[1] A. Éltetö and Á. Szunomár, "Ties of Visegrád countries with East Asia-trade and investment," Budapest: Institute of World Economics, Centre for Economic and Regional Studies, Hungarian Academy of Sciences, 2015 (IWE Working Papers; 214).

[2] A. Éltetö and P. Toporowski, "Effects of the international crisis-development of four Central European countries' trade with Asia," Paper presented at the 15th ETSG conference, Birmingham, September 12 – 14, http://www.etsg.org/ETSG2013/Papers/297.pdf; M. Ando and F. Kimura, "Production Linkage of Asia and Europe via Central and Eastern Europe," *Journal of Economic Integration*, Vol. 28, No. 2, June 2013, pp. 204 – 240.

已经并且仍然可以绑定特定的产品、特定的（跨国）公司。由于双方的贸易量相对较小（对比中国与欧盟、德国的贸易量），一家全球性公司决定重新搬迁或改变其内部子公司交付都会改变特定中东欧国家与中国的贸易量。例如，2012—2013年，由于跨国公司工厂的搬迁，匈牙利对亚洲出口量明显下降。

三　中国对匈牙利的投资

（一）中国对匈投资具体情况

匈牙利的"向东开放"政策并不仅仅集中在发展贸易关系和寻求合作机遇上，还在于吸引来自新兴亚洲国家的投资，而中国被认为是越来越重要的投资者。因此，匈牙利为包括中国在内的欧盟外潜在投资者提供了国家补贴和激励措施。就匈牙利来说，"免税区"政策对于20世纪90年代以来的新兴外国投资者极具吸引力。以出口为导向的汽车、电子等企业在匈本国对外贸易中占据很大份额。

中国资本在中东欧的作用，与其他已在该地区投资者的资本相比体量仍然很小，但近几年，中国资金流入明显加速。中东欧国家在过去的5—10年对吸引中国投资持续增长。作为其中唯一的例外，匈牙利早在2003年后便已经开始这一进程。

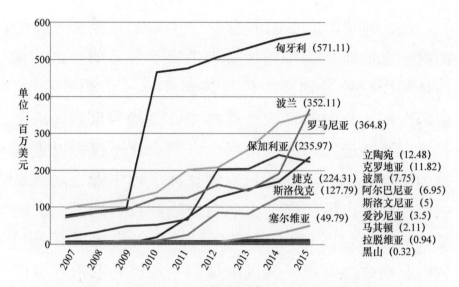

图 3 - 3　2007—2015 年中国在中东欧 16 国的直接投资额

注：括号中为 2015 年数据。

资料来源：中华人民共和国商务部、国家统计局。

　　中国在中东欧地区投资，首先要考虑劳动成本和质量，而匈牙利的劳动成本略低于欧盟平均水平。然而，在中东欧地区内部存在着差异；保加利亚和罗马尼亚的单位劳动成本较匈牙利、捷克、斯洛文尼亚和波兰来说更为便宜，但在较长一段时间中国在匈牙利投资多于波兰、罗马尼亚和保加利亚，不过，据 2016 年中国的投资统计数据，中国对罗马尼亚（3.9 亿美元）、波兰（3.2 亿美元）的投资额首次超过匈牙利（3.1 亿美元），这是否表明劳动力成本高低逐渐影响中国的投资，仍有待观察。[1]

　　① 中华人民共和国商务部、国家统计局、国家外汇管理局编：《2016 年度中国对外直接投资统计公报》，中国统计出版社 2017 年版。

匈牙利欧盟成员国的身份（中东欧其他加入欧盟的国家也如此）为中国投资者消除了贸易壁垒，并且匈牙利较低的劳动成本使得该国成为一个装备基地。中国在匈牙利对外直接投资的主要类型为市场寻求型投资：通过进入匈牙利市场，中国企业不仅可以进入欧盟市场，同时还能够进入独联体、地中海、欧洲自由贸易联盟市场。推动中国在匈牙利投资的另一因素是其制度稳定（如知识产权保护），因为中国对外投资的驱动力之一就是其国家体制、经济和政治环境的稳定。

表 3 - 6　　　　　　　　　　　　　中国在匈牙利的投资

对外直接投资存货（美元，2015）	5.71 亿美元
主要投资类型	绿地/褐地投资，并购、合资企业
主要行业	化学、IT/ICT、电子、批发和零售、银行、酒店和餐饮、物流、房地产
重要中国企业	万华、华为、中兴、联想、七星电子、比亚迪汽车、金洋电子

资料来源：中华人民共和国商务部与笔者个人研究。

中国投资者在包括匈牙利在内的中东欧国家的投资集中在第二和第三产业。最初中国投资主要是制造业（装配），但随着时间流逝，服务业投资越来越多。例如中国银行、中国工商银行在匈牙利和波兰开设了分行，中国一些大型的律师事务所如盈科律师事务所（2010 年匈牙利，2012 年波兰）、大成律师事务所

（2011 年波兰，2012 年匈牙利）也在中东欧设立了分支机构。中国投资者在匈牙利主要关注电信、电子、化工、交通运输和能源市场。他们投资的主要目的是获取品牌、营销网络、高新技术和市场。

中国在匈牙利的投资自其 2004 年加入欧盟开始显著增长。据中国统计数据，投资增长从 2005 年的 0.65 亿美元迅速增长至 2010 年的 3.071 亿美元。截至 2015 年，根据中华人民共和国商务部的数据，中国在匈牙利投资总额达到 5.71 亿美元，为中东欧地区最高。

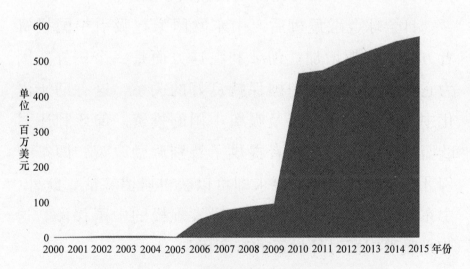

图 3 - 4　2000—2015 年中国在匈牙利对外直接投资总额

资料来源：中华人民共和国商务部、国家统计局。

然而，如果将其他来源的数据考虑进来，则中方数额要大得多，因为中国投资的很大一部分是通过中间国家或公司来实现的。根据匈牙利的相关报告，截止到 2016 年中国在匈牙利投资约为 30 亿美元。中国化工公司万华在匈牙利投资超过 15 亿美元，该公司通过其荷兰子公司在 2010 年和 2011 年收购了匈牙利化工公司保思德化学。该子公司随后也为保思德化学的发展做了一些投资。但这部分统计数据未列入中国官方统计中。截至目前，这已成为中国在中东欧地区的最大投资项目之一。尽管中国跨国公司在匈牙利的对外直接投资总额中占相对较小的份额，但他们拯救并创造了就业机会，中国在经济危机期间对匈牙利的投资和出口为匈牙利的经济增长做出了贡献。[1]

自全球金融危机后，中东欧国家在吸引中国投资者方面的兴趣增加。匈牙利在这方面是一个例外，因为它在历史上就与中国保持良好的关系，这有助于深化中匈双边关系，以及吸引中国的投资。匈牙利还对欧盟以外的外国投资者提供了特别激励政策，即符合匈牙利某种投资水平要求即可以获得居留签证。此外，中东欧国家中，匈牙利拥有最大规模的中国移民。这些是吸引中国对外投资的有利因素。[2]

---

[1] Á. Szunomár ed. , "Chinese investments and financial engagement in Visegrad countries: myth or reality?," Budapest: Institute of World Economics, Centre for Economic and Regional Studies, Hungarian Academy of Sciences, 2014, p. 178.

[2] P. Buckley, J. Clegg, A. Cross, Liu X, H. Voss and Zheng P, "The determinants of Chinese outward foreign direct investment," *Journal of International Business Studies*, Vol. 38, 2007, pp. 499 – 518.

　　中国经常强调它将匈牙利视为中国产品进入欧洲的枢纽，为了做到这一点，中国计划近几年在匈牙利进行几个基础设施相关的投资：他们希望将松博特海伊机场变成欧洲的主要货运基地，并开发德布勒森机场的基础设施和服务。作为"一带一路"倡议的一部分，中国支持并资助贝尔格莱德—布达佩斯铁路项目。

　　在本节中，将继续介绍几个中国对匈牙利投资的经典案例。

（二）中国对匈投资具体案例

1. 万华收购案：中国投资的旗舰项目

　　成立于 1998 年的万华化学集团，是世界上最大的聚氨酯原料（异氰酸酯）生产商。该公司自成立之日起，就决心与总部设在美国和德国的跨国公司如巴斯夫或亨斯迈展开竞争。时至今日，万华化学的机构遍及世界 23 个地区，全球范围内拥有员工超过 10000人，2016 年的收入达 60 亿美元。

　　在 2008 年全球金融危机之前，万华已经评估了以绿地投资的方式在欧洲建立一个新的制造基地的可能性。最初的计划是在荷兰建立一家化学工厂，但由于经济危机后全球经济陷入低迷，该公司将战略重点从绿地投资转向兼并和收购。在匈牙利居于领先地位的宝思德化学公司（Borsod Chem），在匈牙利、波兰和捷克都有生产基地，似乎是理想的收购目标。该公司一直陷于严重的财务问题，因此，如果可以达成一项能够保证匈牙利最大投资方利益的协议，管理层是持开放态度的。2011年，万华通过一笔16亿美元的交易，获得了这家匈牙利跨国公司96%的股份，成为世界第三大异氰酸酯生产企业，这也是当年中国在欧洲最大的一笔投资。在由中国银行牵头的财团的支持下，万华强调这笔交易可能会成为引领未来中国该地区投资的"灯塔"。[①]

从根本上来说，这家中国公司的决策背后有两个主要原因：第一，欧洲是万华的一个关键市场，通过这次收购万华获得了在欧洲市场充足的制造能力。第二，万华还可以获得宝思德化学在欧盟的销售网络。从中国公司的角度来说，这一点在更大程度上促成了这笔交易。这一可以同时获得制造能力和销售渠道的机会，被证明是一个成功的尝试。在做出最终决定之前，万华也对该地区其他的候选投资地做了评估，不过，匈牙利的比较优势和对投资者友好的商业环境，让管理层做出了有利于匈牙利的决定。

万华在官方声明中宣称，这次收购将把两家区域

---

① Chris Bryant, "Wanhua takes full control of Borsodchem," Financial Times, February 1, 2011, https://www.ft.com/content/1aadca66 – 2e2e – 11e0 – 8733 – 00144feabdc0. Accessed: 4 September 2017.

性公司转变为一家全球性公司。① 宝思德被指定负责这家中国公司在欧洲的所有业务。宝思德管理层宣称，宝思德通过收购进入了亚洲市场，并获得了与万华的欧洲客户加强商业联系的机会。②

在获得各层次的支持之后，万华于 2013 年启动了中匈工业园区项目。该计划旨在将后续前往匈牙利投资的中国公司，吸引到宝思德化学公司所在的匈牙利东北部工业园区。匈牙利政府和宝思德化学公司 2014 年在北京签署了一份战略合作协议。在这份协议中，宝思德宣布了其寻求扩张机会并创造更多就业岗位的意向，万华则宣布将利用自己的资源和影响力吸引更多的中国投资者。在操作层面，匈牙利政府通过匈牙利投资促进局的咨询服务为万华提供支持。为了向在匈牙利的外国投资者提供帮助，匈牙利投资促进局与外国企业在当地的管理部门建立了良好的合作，并在优惠政策、技工雇用等问题的磋商方面为投资公司提供高质量的支持，如安排与国务秘书的会晤、建立与

---

① Wang Ying, "Wanhua Industrial turns gaze to Europe," China Daily USA, February 2, 2011, http：//usa. chinadaily. com. cn/epaper/2011 - 02/11/content_11984445. htm.

② Borsodchem, "Wanhua acquires full control of BorsodChem", February 1, 2011, http：//www. borsodchem-group. com/News--media/News/Wanhua-acquires-full-control-of-BorsodChem. aspx？lang = en-GB.

有关部门或市政当局的沟通、寻找合适的供应商等。

2011—2016 年，万华又额外花费了 4 亿欧元用于其匈牙利子公司现金流的补充和产能的扩容。通过将技术从中国转移到匈牙利的工厂，宝思德化学的生产能力翻了一番。因此，随着这次收购该公司在 2014 年首次实现了盈利。2016 年也是宝思德化学转型过程中的一个重要里程碑，公司实现综合销售收入 12 亿欧元，成为其历史上最成功的财政年度。该公司无疑已成为一台健康的公司息税折旧摊销前利润超过 2.5 亿欧元，比前一年增长了 50%。[1]

随着盈利的增多，万华也有进一步投资其匈牙利子公司的明确意向。欧洲仍是这家化学企业预期中的一个关键市场，因此，继续扩大在匈牙利的生产能力仍位列该公司议事日程的首位。2016 年，宝思德启动了最新的投资项目，目标是建设一套价值 1.14 亿欧元的新的氯化物处理设施。[2]

需要着重强调的是，万华在匈牙利的存在与中、

---

[1] Napi，"Ilyenéve volt a BorsodChemnek-változások a vezetésben，" January 2，2017，http：//www. napi. hu/magyar_vallalatok/ilyen_eve_volt_a_borsodchemnek_valtozasok_a_vezetesben. 627091. html.

[2] Origo，"Nemállnak le-óriásberuházássalnyomul a BorsodChem，" October 5，2016，http：//www. origo. hu/gazdasag/20161004 – nagyon-kemeny-verseny-folyik-vilagszinten-a-vegyipari-oriasok-kozott-es-ebben-ott-van-a-borsodchem. html.

匈两国的对外经济战略是完全一致的。从中国方面来说，习近平主席提出的"一带一路"倡议为万华在匈牙利进一步扩大业务提供了坚实的基础，而匈牙利总理欧尔班倡导的"向东开放"政策，营造了中国投资受欢迎的一种氛围。

总而言之，万华认为文化融合是近年来取得的最重要的成就，中国的领导层和 2700 名匈牙利当地同事的团结，是宝思德得以成功运营的关键。

万华也成功实现了与其他中国投资者合作带来的协同效应。华为作为一家领先的信息通信技术公司，在匈牙利业务运营非常良好，在一些专业技术领域是万华完美的合作伙伴。2016 年 7 月，华为与万华宝思德公司签署了一项战略协议，最大限度地提升在匈牙利的生产技术水平。根据这项协议，万华将在匈牙利建立一家区域性的信息处理中心。这两家中国公司的合作，也将引入基于大数据、云计算技术、智能化生产的最先进的生产技术。这项协议将服务于共同实现华为和万华的商业发展目标，也意味着两家公司增加了参与匈牙利社会以及培训当地专业技术人员方面的投入。①

---

①　Braun Gábor, "Strategic cooperation between Huawei and Wanhua in Hungary. Central European Financial Observer," August 16, 2016, https：//financialobserver. eu/recent-news/strategic-cooperation-between-huawei-and-wanhua-in-hungary/.

2. 其他重要的在匈中国企业

威斯卡特工业公司（Wescast Industries）的匈牙利子公司成立于1999年，其制造机床的生产设施位于匈牙利西北部。2013年，中国的波鸿集团收购了加拿大的威斯卡特工业公司，也获得了后者在匈牙利的生产基地的所有权。波鸿集团是一家以生产汽车零部件为主的公司。波鸿收购威斯卡特之后，新东家批准了匈牙利子公司的战略发展计划，与此同时，当地管理部门仍继续负责公司的日常运行。该公司在匈牙利雇用的员工超过了2000人。2017年5月，波鸿集团与匈牙利政府签署战略合作协议，宣布了该公司一项90亿福林（约3000万欧元）的投资项目，这是匈牙利汽车工业有史以来获得的最大一笔中国投资。

延锋汽车内饰系统有限公司，是汽车行业中座舱、仪表盘、门内护板系统、顶棚系统等的一级供应商，在业内处于领先地位。这家总部位于上海的企业，在全球拥有逾3.3万名员工。除了位于德国的区域总部外，该公司还在欧洲的匈牙利、捷克、意大利、斯洛伐克和西班牙拥有生产研发基地。该企业从总部位于美国的江森自控公司（Johnson Controls）手中收购了两家匈牙利制造工厂。这两家位于同一城市的生产基地生产控制台、门板和发动机部件。该企业在匈牙利雇用了约1600名员工。

2017 年 4 月 5 日，中国企业比亚迪宣布其在匈牙利的生产工厂开幕，这是该企业在欧洲的首家生产工厂。根据官方公告，该工厂每年将生产 400 辆电动公交车，并将雇用 300 名员工。[①] 生产充电电池是该企业的传统业务，电动公交车的生产和销售则是其在欧洲业务的重点。

比亚迪战略的一个关键要素就是，通过在当地设厂来满足该地区的需求。决定在匈牙利建立新的制造厂，其主要动机在于应对欧洲市场日益增长的需求。不过，比亚迪在匈牙利生产工厂开幕式上还宣布，除了在匈牙利的这家工厂，比亚迪还计划在欧洲建立另外的生产工厂。就在开幕式不到两周前，比亚迪宣布在巴黎北部建设另一家占地 8 万平方米的公交车制造厂。

谈到在匈牙利的这一 2000 万欧元的投资项目，比亚迪欧洲分公司总经理何一鹏表示，之所以选址匈牙利，是因为其地处欧洲中部，拥有得天独厚的地理优势，以及其悠久的公交车生产制造历史和精湛的工程技术。他还明确指出，匈牙利政府正力图重振公交车制造业昔日的荣光，比亚迪因走在这场变革的前面而感到骄傲。[②]

---

① Bo Leung, "BYD opens electric bus plant in Hungary," *China Daily*, April 6, 2017, http://www.chinadaily.com.cn/business/motoring/2017 – 04/06/content_28812640.htm.

② Hipa, "BYD opened its first European electric bus factory in Komárom," April 4, 2017, https://hipa.hu/byd-opened-its-first-european-electric-bus-factory-in-komarom.

除了官方宣布的动机外，比亚迪在匈牙利早就存在生产设施也是一个有利条件。事实上，比亚迪的这家公司自 2005 年以来就一直存在于匈牙利。该公司位于诺基亚工厂附近，为芬兰 IT 公司制造手机配件。在 2008 年诺基亚工厂关闭之后，比亚迪也解散了其生产部门，但仍保留了设备。在此次投资计划的框架下，比亚迪计划利用这些设施重启生产。

尽管华为技术有限公司在匈牙利并不算最大的投资方之一，但仍是一个标志性的中国投资者。2005 年华为在匈牙利成立了子公司，从事电信设备批发业务。华为投资的重要性，主要是因为其运营的物流中心在匈牙利，位于布达佩斯附近。华为和赛切尼·伊斯特万大学签署了一份关于教育和研究长期合作的谅解备忘录，以期为扎根匈牙利打好基础。

（三）中国投资面临的挑战和风险

在过去几年中，吸引外国直接投资项目和创造就业是匈牙利对外经济战略的首要任务。决策者已努力改善投资环境，以吸引外国企业投资制造业。随着匈牙利政府宣布"向东开放"政策，潜在的中国投资者受到了越来越多的关注。无论如何，这些投资促进工作的结果是投资项目数量的增加和匈牙利失业率的急

剧下降（2017 年 5 月至 7 月，匈牙利的失业率为
4.2%）。[①] 然而，熟练劳动力的可得性是包括中国企
业在内的任何外国投资者面临的主要挑战。意识到了
劳动力市场的这一趋势，匈牙利政府已经采取措施刺
激劳动力流动性，但这些措施的效果仍有待观察。

　　有证据表明，当前外国直接投资在中东欧的竞争
比以往任何时候都要激烈，对于中国公司尤其如此。
随着"16 + 1 合作"的推进，中国投资者正处于该地
区多个国家投资促进工作的焦点。匈牙利仍然是中国
在中东欧地区外国直接投资存量最高的国家，然而，
无论是作为"通往欧洲的门户"，还是作为中国企业
部署的区域中心，都有很多候选者。塞尔维亚、罗马
尼亚或保加利亚等国的平均工资水平都比匈牙利低，
这使得这些国家在制造业项目上更具吸引力。

　　在确定投资地点时，激励政策的可获得性一直是
一个关键因素。匈牙利作为欧盟成员国，可以根据欧
盟立法提供现金补贴和外国直接投资项目的税收优惠。
但在某些情况下，这导致政府无法保持激励方案的灵
活性。非欧盟国家显然在这方面有比较优势。西巴尔
干半岛国家积极参与"16 + 1 合作"，正在努力吸引中
国对本国投资。更具灵活性的激励政策，再加上较低
的平均工资水平和较高的失业率，让这些国家成为匈

---

　　① 数据来源：匈牙利中央统计局。

牙利吸引中国投资的强大竞争对手。

　　总的来说，探索使匈牙利成为中国企业投资地点的最有效方法，本身就是一个巨大的挑战。在过去的宣传中，由于缺乏信息和经验，出现了很多问题。传统上，匈牙利对外经济关系的主要伙伴是欧洲国家；与中国积极建立投资关系，仍然是一个相对较新的问题。在这方面，兼并、收购属于不同的范畴，因为此类交易的成功通常不受地方政府投资促进措施的影响。缺乏信息也包括对有关经济部门领域内的中国主要企业缺乏充分的知识。国家投资促进机构习惯于关注某些选定的行业。因此，在发现目标公司的过程中，对于某一特定部门关键企业的信息至关重要。由于中国的国家规模、经济的快速发展和庞大的企业数量，依然很难发现哪些中国企业对在匈牙利投资有浓厚的兴趣。在中国发现可以有效地介绍匈牙利投资环境的相关展览和商业活动，同样非常困难。所有这些困难阻碍了"量身定做"的和有针对性的投资推广行动的准备与成功实施，如巡回推介、工作坊或商务研讨会。

　　语言障碍也会妨碍投资项目的成功谈判。这会导致相互之间的沮丧情绪，从而为中国企业在匈牙利的投资活动带来风险。与西方公司不同的是，在许多情况下中国的合作伙伴在抵达匈牙利与相关政府机构接触时，尚处于商业策划的早期阶段。缺乏成熟的投资计划是成功合作的主要障碍，使匈牙利伙伴难以提供有效的帮助。如前所述，政治层面强力支持增加中国在匈牙利的投资。虽然如此，匈牙利方面目前还没有和中国发展投资关系的官方战略。总的来说，执政的政治家们宣布的主要目标是，匈牙利应该发展成为研发活动的理想地点，并能够提供欧洲最具吸引力和最令人满意的投资环境。这一目标假定，企业可以考虑将匈牙利确定为创新之地，而不仅仅是将其视为一个生产地。这意味着从"匈牙利制造"到"匈牙利创造"的转变。为了实现这些目标，匈牙利应该抓住一些具有更高附加值的投资项目。更具体地说，这意味着要引进一些知识密集型产业、具有先进技术的制造业、关联活动的共享服务中心以及研发中心。引进这些项目可能会推动匈牙利赶上高收入国家。问题在于，旨在寻求市场的中国投资项目能否符合这一愿景，并为实现这一战略目标服务。加强与当地大学和研究机构的合作，可以刺激中国企业寻找对匈牙利来说具有高附加值的活动。

来自中国方面的风险同样存在。2016 年，中国企业在欧盟国家投资了 350 亿欧元，比前一年增加了 77%。2016 年中国对外直接投资的模式表明，投资者正在寻求机会升级技术，并获得品牌和其他战略资产。这些目标直接导致了中国投资者在 2016 年重新聚焦于

德国、英国和法国等最发达的西欧经济体。尽管有
"16 + 1 合作",但中东欧国家在吸引中国直接投资方
面却落在后面。[①] 这种趋势在不久的将来会持续,因为
中国投资者认为中东欧是基础设施投资的指定地点,
而寻找具有附加值的项目应该仅能在西欧运作。对于
中东欧国家来说,这也是一种风险。

2015 年中国对欧盟投资创纪录,可能会给未来的
项目带来进一步的风险。已经有迹象表明,对资本外
流日益加剧的担忧迫使中国监管机构收紧对境外投资
的审查。尽管到目前为止这些限制只涉及与匈牙利吸
引外资无关痛痒的行业[②],但一般来说这种不确定性可
能会对中国对外直接投资产生影响。

四　结论和展望

中国不仅视中东欧地区为其出口扩大的前沿之一,
并且视其为进入欧洲市场的切入点。中国企业选择这
个地区不仅因为中东欧国家拥有活力、较为发达、较

---

① Thilo Hanemann and Mikko Huotari, "Record flows and growing imbalances," MERICS papers on China, January 3, 2017, https：//www. merics. org/fileadmin/user_upload/downloads/MPOC/COFDI_2017/MPOC_03_Update_COFDI_Web. pdf.

② Bloomberg, "China Codifies Crackdown on 'Irrational' Outbound Investment," August 18, 2017, https：//www. bloomberg. com/news/articles/2017 - 08 - 18/china-further-limits-overseas-investment-in-push-to-reduce-risk.

不饱和的经济体，并且这些经济体直接与欧盟共同市场相连接。中国企业可以大幅度降低在中东欧国家的业务成本，并且可以融入欧盟工业体系。

尽管外交访问量正在增加，政治对话机制已建立，中东欧地区的绝大多数国家欢迎中国提出的"一带一路"倡议，但在中国—中东欧关系中仍存有一些未被开发的机遇。关于经济互动，由于中东欧国家对此期望过高，中东欧国家需求与中国计划间需要找到健康平衡。中东欧国家的期望应当更具体、更具耐心而不是要求过高，并且应当提出更多有关它们自己的倡议。

在总结主要的中国投资者在匈牙利投资的特征时，摆在第一位的是并购居于主导地位。不管怎样，中国企业在进入欧洲市场时一向不会以绿地投资的形式进行运作，投资者的这种态度在匈牙利也不例外。以宝思德收购案为例，对于在欧洲最佳的投资方式和投资地点，万华已经探索了多年，也一直在努力寻找符合所有条件的收购目标公司，这些条件包括有充足的生产能力、有通向欧洲市场的入口、建立了自己的销售网络等。收购之后积极的财务业绩和连续的扩建计划，都证明这家公司作出了正确的决定。相较而言，波鸿集团和延锋公司没有像万华这样寻找投资地点的长期过程，而是通过并购和改造获得在匈牙利的生产能力。

在比亚迪的案例中，在匈牙利拥有没被利用的现成生产设备，是其决定在匈投资的特殊理由。华为的区域配送中心设在匈牙利，由此可以看出其在匈牙利的存在背后的主要动机显然是匈牙利有利的地理位置及其与欧洲交通网络相连的优势。

这些企业在匈牙利的生产基地因行业的不同而不同，这也是一个有趣的特征。万华选择匈牙利作为其在整个欧洲的生产活动的所在地，是因为化学工业公司不需要为每个市场定制产品。比亚迪的情况完全不同，因为其生产的是电动公交车而不是异氰酸酯，这就需要通过在该地区的存在来满足当地的需求。因此，除了在匈牙利的基地，比亚迪还计划在欧洲建立更多的制造基地。延锋作为一家汽车内饰生产商，贴近客户是很重要的，因此，其还在匈牙利以外经营着其他几个欧洲基地。华为在匈牙利从事物流业务，这种情况也有所不同，因为华为可以很容易地从靠近布达佩斯的配送中心向欧洲大陆供货。

对上述所有企业来说，匈牙利政府强有力的支持都为它们的经营和进一步发展奠定了坚实的基础。作为履行承诺的一种证明，匈牙利政府目前已经和六家在匈牙利经营的中国企业签署了战略合作协议。与此同时，中国银行区域分行的建立也为这些企业提供了支撑条件。中国银行提供金融支持的万华收购宝思德这笔交易，就是一个很好的例子。

与此同时，各种各样的挑战和风险可能会引起越来越多的外部竞争对手的关切。为了吸引更多的中国投资，熟练劳动力的严重短缺无疑是必须解决的第一项挑战。探索作为潜在投资领域的新行业和新活动，是一个不错的选择。在布达佩斯设立中国—中东欧国家中医学中心虽不能被认为是一个大规模的外国直接投资项目，但这仍然是一个很好的合作趋势。

第四章 中国和匈牙利的金融合作

一 背景介绍

中国和匈牙利的金融合作可追溯至 20 世纪 50 年代的社会主义时期。中华人民共和国成立之后，苏联和其他社会主义国家以超低利率（低于 2%）贷款向中国出售工业制成品，以帮助中国恢复经济。[1] 1956年，匈牙利革命后，中国（同苏联一道）也曾向匈政府提供贷款（一亿卢布）以帮助稳定匈牙利国内形势。[2] 20 世纪 60 年代，苏联和中国的关系变得紧张，这一变化冻结了上述富有成果的合作。直到 20 世纪 70年代后期，尤其是中国开始实行改革开放政策后，两国关系才趋向正常。1968 年，在中国的改革开放之

---

①　Vámos Péter, "Az SZKP XX. kongresszusának hatása a magyar-kínai kapcsolatokra," *Múltunk*, Vol. 2, 2006, pp. 235 – 256, http://epa.oszk. hu/00900/00995/00006/pdf/vamosp. pdf.

②　Ibid., p. 256.

前，匈牙利就已经开始谨慎地推行名为"新经济体制"的市场经济改革，这场改革值得中国研究。[1] 中国研究学习了匈牙利在金融业和银行业的经验，并在此过程中与匈牙利建立多方联系。时任匈牙利国家银行副行长的 János Fekete 在其中起到重要作用。[2] 在金融领域，最引人注目的是匈牙利加入世界银行和国际货币基金组织等国际金融机构。在这一时期，中国扮演的不仅仅是观察员的角色。当匈牙利获准加入国际货币基金组织时，中国人民银行[3]从 3.75 亿美元特别提款权配额[4]中拿出 8800 万美元贷款给匈牙利作为份额费和会费。由于当时匈牙利国家银行资金不足，来自中国的贷款对于匈牙利成功加入国际货币基金组织

---

[1]　Vámos Péter, "Kína változik. Úgy látszik, nekünk is változtatni kell. Magyar-kínai kapcsolatok az 1980 – as években," *Történelmi Szemle* 52, 2010, p. 106, https：//tti. btk. mta. hu/images/kiadvanyok/folyoiratok/tsz/tsz2010 – 1/099 – 124_vamos. pdf.

[2]　Honvári János-Torda Csaba："Magyarország csatlakozása az IMF-hez és a Világbankhoz," Magyar Országos Levéltár, *ArchiveNet*, Vol. 9, No. 3, 2009, http：//www. archivnet. hu/gazdasag/magyarorszag_csatlakozasa_az_imfhez_es_a_vilagbankhoz_ _iii. _resz. html.

[3]　"Annual Report of the Executive Board for the Financial Year Ended April 30," International Monetary Fund, 1982, p. 77, 1982, http：//www. imf. org/external/pubs/ft/ar/archive/pdf/ar1982. pdf.

[4]　János Müller-Levente Kovács, "Hungary's Link to Financial Cooperation with Asia," *Financial and Economic Review*, Vol. 16, Special Issue, 2017, pp. 186 – 193, 190, http：//english. hitelintezetiszemle. hu/letoltes/janos-muller-levente-kovacs. pdf.

起到了重要作用。

二 2000 年到 2015 年：早期阶段

1989 年匈牙利的政治经济转轨导致了中匈两国关系在某种程度上中断：同其他中东欧国家一样，匈牙利希望遵循西欧发展模式，实现经济市场化和政治民主化。2004 年匈牙利加入欧盟。作为转轨的一部分，匈牙利需要全面融入西方金融机构和国际体系。最初，转轨主要由国际货币基金组织和世界银行引导，在匈牙利加入欧盟之后，欧洲复兴开发银行、欧洲中央银行、欧洲投资银行便扮演了重要角色。此外，匈牙利国内的大部分商业银行都逐渐成为了欧洲银行系统的分支（KCB、ERST、巴伐利亚银行、奥合国际银行、裕合银行）。[①]

21 世纪以来，随着中国在全球的经济地位不断上升，匈牙利和其他中东欧国家开始更加重视中国。[②] 这一转变的标志之一就是 2003 年秋天匈牙利时任总理彼

---

① Botos Katalin, "The Hungarian financial sector and the EU," *South-East Europe International Relations Quarterly*, Vol. 1, No. 4, 2010, pp. 1 – 2, http：//www. southeast-europe. org/pdf/04/DKE_04_A_N_Botos-Katalin_Turcsanyi-Rita. pdf.

② Kong Tianping, "16 + 1 Cooperation Framework：Genesis, Characteristics and Prospect," *China-CEEC Think Tanks Network*, December 3, 2015, http：//16plus1 – thinktank. com/1/20151203/868. html.

得·迈杰希的正式访华。① 2004 年 6 月，时任中国国家主席胡锦涛出访匈牙利，这意味着改善双边关系并非匈牙利的单方面希望，在本次访问中，两国签署联合声明，承诺建立"友好合作伙伴关系"。② 两国政治关系的升温迅速蔓延至经济层面：中匈双边贸易量不断增长，此外中方还启动了几个大型投资，例如中国的万华实业收购了匈牙利最大的化工公司 Borsod Chem 集团，华为在匈牙利建立了一个区域中心，进入了匈牙利市场，在匈牙利通信网络现代化过程中起到重要作用。③ 中国企业在匈牙利的贸易和投资活动的不断增加带动了中国各银行进入匈牙利市场。2013 年，中国银行在匈牙利设立分行，这是中国金融机构第一次在中东欧地区开设分行。这一动作向匈牙利的政治精英发出一个重要信号：匈牙利能够在中国的区域金融倡议中发挥重要作用。

---

① "Prime Minister Medgyessy Peter of Hungary will Pay a Working Visit to China," Ministry of Foreign Affairs of the People's Republic of China, August 20, 2003, http://www.fmprc.gov.cn/ce/cedk/eng/xnyfgk/t105642.htm.

② "President Hu Jintao Holds Talks with Hungarian President Madl Ferenc," Ministry of Foreign Affairs of the People's Republic of China, June 11, 2004, http://www.fmprc.gov.cn/mfa_eng/wjb_663304/zzjg_663340/xos_664404/gjlb_664408/3175_664570/3177_664574/t134058.shtml.

③ Szunomár Ágnes, "Kínai befektetések Magyarországon: ábránd vagy sikertörténet?" *Geopolitika a 21, században*, Vol. 3, 2013, pp. 183 – 191, pp. 186 – 188, http://geopolitika.uni-zsigmond.hu/uploaded/geo/Geopol%204.pdf.

三　"向东开放"政策时期

2008—2009 年爆发的金融危机使得匈牙利的经济遭受严重打击，此前，匈牙利的国内经济就已存在不平衡（例如高财政赤字和高公债率）和严重依赖西方—欧洲市场（大约相当于 80% 的贸易总额[①]）等问题。匈牙利经济对借债的严重依赖和高度自由的金融体系使得其无力抵抗金融危机带来的冲击，只能向国际货币基金组织和欧盟寻求帮助。当时，国际货币基金组织和欧盟联手为匈牙利提供了总额高达 250 亿美元的救助计划。[②] 2010 年当选的欧尔班政府决定要降低本国经济和金融领域对西方金融机构的依赖程度，这也是匈牙利在 2013 年提前还清对国际货币基金组织所欠债务的原因。[③] 同时，中国成为帮助匈牙利实现金融关系多样化的希望。2011 年 6 月，时任中国总理温家宝表示，

---

① "International trade in goods," Eurostat, March, 2017, http：// ec. europa. eu/eurostat/statistics-explained/index. php/International_ trade _ in_ goods.

② "IMF Survey, IMF Agrees ＄15. 7 Billion Loan to Bolster Hungary's Finances," International Monetary Fund Survey online, November 6, 2008, https：//www. imf. org/en/News/Articles/2015/09/28/04/53/socar110608a.

③ Byrne, Andrew, "'Orbanomics' confounds critics as Hungary's economy recovers," *Financial Times*, June 9, 2015, https：//www. ft. com/ content/027eaf9a－05e9－11e5－b676－00144feabdc0.

中国已准备好购买匈牙利国债，[①] 但最后匈牙利政府在没有依靠中国金融机构的情况下成功度过了危机。

2011 年，匈牙利政府提出"向东开放"新外交政策，旨在通过有效的外交支持来提高与东方市场——中国和俄罗斯的贸易关系，并加深金融领域和合作，从而降低对欧盟的依赖。[②] 然而，这一战略虽然规划宏大，却因以 György Surányi 为首的匈牙利国家银行领导层与匈牙利政府之间的矛盾而难以落实。[③] 2013 年 3 月，匈牙利前经济部长杰尔吉·马托奇当选为匈牙利国家银行新任行长并公开表示匈牙利央行的首要任务是支持包括"向东开放"外交战略在内的匈牙利政府的倡导工作。[④]

这一新导向的效果很快便显现了出来：2013 年 9

---

① Li Xiaokun, Fu Jing, "China willing to buy Hungarian bonds," *China Daily*, June 26, 2011, http：//europe. chinadaily. com. cn/china/2011 – 06/26/content_12778313. htm.

② Szesztay Ádám ed. , "Külpolitikánk és külügyi szolgálatunk megújulása. 2010 – 2013," Kormany. hu, 2013, http：//magyaryprogram. kormany. hu/download/8/18/90000/Kulpolitikank_ es_ kulugyi_ szolgalatunk_ megujulasa_2010 – 2013. pdf; Dániel Péter, "The Eastern Opening-An Element of Hungary's Trade Policy," *Europe in Global Economy*, September, 2015, pp. 1 – 7, https：//www. researchgate. net/publication/282217890 _ The _ Eastern_Opening_ – _An_Element_of_Hungary's_Trade_Policy.

③ "Hungarian governor slams government's economic policies," *Central Banking*, December 7, 2012, https：//www. centralbanking. com/central-banking/news/2230594/hungarian-governor-slams-government-s-economic-policies.

④ "Hungary PM picks finance minister Matolcsy for central bank top job," *Central Banking*, March 1, 2013, https：//www. centralbanking. com/central-banks/monetary-policy/2251739/hungary-pm-picks-finance-minister-matolcsy-for-central-bank-top-job.

月，中国人民银行和匈牙利国家银行签署了双边货币互换协议，双方承诺向国际清算银行巴塞尔总部存入票面价值为 100 亿人民币的存款以减缓流动性波动问题，刺激境外贸易。[1] 当时，这一投资组合的价值与全球金融市场上的重要参与者（例如中国香港：4000 亿人民币、韩国：3600 亿人民币、新加坡：1500 亿人民币[2]）相比并不算高，但却意义重大，因为这是中东欧地区国家及少数欧洲银行第一次与中国签订双边货币互换协议。这份协议的签订增加了匈牙利国家银行继续走合作道路的动力。随后，匈牙利提出一项名为"人民币项目"的战略，推动中匈双边金融关系进入新阶段。

四 重大突破："匈牙利国家银行人民币项目"和"布达佩斯人民币倡议"

2015 年，匈牙利国家银行宣布推出"匈牙利国家

---

① Palotai Dániel, "Agreement on the Establishment of a Foreign Currency Swap Line Between the Magyar Nemzeti Bank and the People's Bank of China," Magyar Nemzeti Bank, 2013, https：//www. mnb. hu/letoltes/mnb-pbc-swap-en. pdf.

② Erhart Szilárd, "Liberalisation of the Renminbi Exchange Rate Regime and Foreign Currency Regulations," Magyar Nemzeti Bank, *Budapest Renminbi Intitiative Papers*, Vol. 2, 2015, pp. 1 – 8, 6, https：//www. mnb. hu/letoltes/liberalisation-of-the-renminbi-exchange-rate-regime-and-foreign-currency-r-egulations. pdf.

银行人民币项目"，这是一项综合战略，旨在促进作为中匈双边关系重要环节之一的金融合作。[①] 这一项目建立在如下国际环境认知之上：

• 人民币国际化是中国经济政策的重要目标，也是随着中国的国际地位不断上升而出现的全球经济发展的必然趋势；

• 在国际结算中人民币使用频率稳步上升，关于国际货币基金组织将人民币纳入特别提款权货币篮子的讨论也十分火热[②]；

• 人民币国际化获得多国央行支持，欧盟内部则认为自己在人民币国际汇兑中起到重要作用；[③]

• 中国资本账户和外汇汇率的自由化进程，中国储蓄投资组合的转变（例如减持了相当于中国外汇储备总量60%的美元计价资产）能够给欧盟成员国提供融资机会；

---

① "The Hungarian Central Bank's Renminbi Programme (JRP)," Magyar Nemzeti Bank, February 19, 2015, https: //www. mnb. hu/en/pressroom/press-releases/press-releases – 2015/the-hungarian-central-bank-s-renminbi-programme-jrp.

② Erhart Szilárd, "Renminbi-A New Settlement Currency Was Born," Magyar Nemzeti Bank, *Budapest Renminbi Intitiative Papers*, Vol. 1, pp. 1 – 7, http: //www. rmbbudapest. hu/letoltes/szilard-erhart-budapest-renminbi-initiative-papers-no1. pdf.

③ "Annual Report of the Executive Board for the Financial Year Ended April 30," International Monetary Fund, 1982, p. 77, http: //www. imf. org/external/pubs/ft/ar/archive/pdf/ar1982. pdf.

●中国直接对外投资增长，这是匈牙利联通"一带一路"倡议的重要抓手。①

除支持政府工作外，匈牙利国家银行还计划：1. 扩大匈牙利融资来源；2. 成为中国在中东欧地区的重要金融伙伴；3. 成为欧盟内部连接两个世界经济中心的重要成员国；4. 最终通过各类投资打造跨境市场。为了实现上述目标，匈牙利国家银行给"人民币项目"设计了五大支柱工作：

●建立一套人民币外汇储备投资组合；

●设立人民币流动性工具以应对市场波动；

●完善人民币结算基础设施；

●解决人民币使用和中国各大银行跨境业务带来的金融稳定性和监管问题；

●支持国内和国际学术研究合作。②

以上工作内容均是参考欧洲央行体系的其他成员工作而定，因此匈牙利国家银行只需从现有机制中进行选择组合即可，并不需创建新机制。③ 为了实现上述目标，匈牙利国家银行成立了金融市场工作组、实体经济工作组、结算工作组等多个工作小组。

---

① Erhart Szilárd, "Átkelés A Folyón A Köveket Érezve," Magyar Nemzeti Bank, March, 2015, https：//www. mnb. hu/letoltes/erhart-szilard-atkeles-a-folyon-a-koveket-erezve. pdf.

② "The Hungarian Central Bank's Renminbi Programme（JRP）", 2015.

③ "RMB centers in Europe," Magyar Nemzeti Bank, http：//hu. rmb-budapest. hu/europai-rmb-kozpontok.

随后启动的"布达佩斯人民币倡议"进一步完善了"人民币项目"，"布达佩斯人民币倡议"是一个新平台，旨在"建立货币、外汇和资本市场基础设施，完善结算系统，与金融、企业和政府等部门的人民币结算相关方合作协商中国资本市场牌照问题"。[①] "布达佩斯人民币倡议"将组织高端年度会议（布达佩斯人民币倡议会议），并邀请国内外决策者、经济和金融行业领袖及专家商讨中国在全球和区域金融市场的角色、中匈经济和金融关系等问题。[②] 这一会议的重要意义在于鼓励匈牙利鲜有交流的科学界和决策界进行直接对话。

五　落实和成果

"人民币项目"的第一步很快便迈出了，2015 年 4 月，匈牙利国家银行宣布，为了实现外币资产的多样化，发行人民币计价的债券和储蓄投资组合。[③] 2015

---

① "RMB Initiative," Magyar Nemzeti Bank, http：//www. rmbbudapest. hu/rmb-initiative.

② Suto Zsanett, "Report on the Budapest Renminbi Initiative Conference 2017," *Financial and Economic Review*, Vol. 16, No. 2, 2017, pp. 195 – 197, http：//english. hitelintezetiszemle. hu/letoltes/hitelintezeti-szemle – 2017– junius-eng. pdf.

③ "Magyar Nemzeti Bank Decided to Build a Bond Portfolio Denominiated In Chinese Renminbi," Magyar Nemzeti Bank, April 7, 2015, https：//www. mnb. hu/en/pressroom/press-releases/press-releases – 2015/magyar-nemzeti-bank-decided-to-build-a-bond-portfolio-denominiated-in-chinese-renminbi.

年 5 月，匈牙利国家银行决定将一部分外汇储备投向中国的政府证券。① 然而，由于对中国证券债券和外汇市场了解不深入，这项投资的落实花费了不少时间。考虑到匈牙利对此项投资缺乏综合风险分析，且面临各种挑战（例如法律条款、技术前提等②），因此第一阶段的投资是与巴塞尔国际清算银行合作进行的。官方公告中的两点声明也体现出了这一谨慎态度：第一，这项投资只是外汇储备的一小部分；第二，声明中称"这项投资不会影响外汇储备总量"。③ 2015 年，匈牙利国家银行在巴塞尔与中国人民银行签署了关于中国人民银行代理匈牙利国家银行投资中国银行间债券市场的协议。④ 这项协议很有意义，因为将匈牙利国家银行纳入了首批获准在尚未开放的中国资本市场进行组合投资

---

① "Announcement on Renminbi reserve portfolio investment," Magyar Nemzeti Bank, June 27, 2015, https：//www. mnb. hu/en/pressroom/press-releases/press-releases–2015/announcement-on-renminbi-reserve-portfolio-investment.

② Erhart Szilárd, "Átkelés A Folyón A Köveket Érezve," Magyar Nemzeti Bank, March, 2015, https：//www. mnb. hu/letoltes/erhart-szilard-atkeles-a-folyon-a-koveket-erezve. pdf.

③ "Announcement on Renminbi reserve portfolio investment," 2015.

④ "MNB signed the Memorandum of Understanding on RMB clearing arrangements and the Agency Agreement with People's Bank of China in Basel," Magyar Nemzeti Bank, June 27, 2015, https：//www. mnb. hu/en/pressroom/press-releases/press-releases–2015/mnb-signed-the-memorandum-of-understanding-on-rmb-clearing-arrangements-and-the-agency-agreement-with-peopl-e-s-bank-of-china-in-basel.

的金融机构。2015 年 6 月，匈牙利与中国人民银行的合作又出现两个重要进展。第一，中国人民银行同意将人民币合格境外机构投资者试点地区扩大至匈牙利，投资额度为 500 亿人民币，即授予匈牙利国家银行运用离岸人民币资金在中国证券市场开展投资的资格。第二，两国央行签署关于人民币清算安排的谅解备忘录，在中国人民银行的授权下，一家人民币业务清算行在匈牙利建立。协议还规定，中匈双方将深化监管方面的协调合作，增进信息交流，并完善系统的融合程度。① 同年 10 月，中国人民银行和匈牙利国家银行正式宣布授权中国银行匈牙利分行担任人民币业务清算行，这家位于布达佩斯的清算行在整个中欧地区开展业务。②

2015 年 11 月，匈牙利国家银行与香港金融管理局、澳大利亚储蓄银行等机构成为首批在中国外汇交易中心完成备案的境外机构，获准进入中国银行间外

---

① "MNB signed the Memorandum of Understanding on RMB clearing arrangements and the Agency Agreement with People's Bank of China in Basel," *Magyar Nemzeti Bank*, June 27, 2015, https://www. mnb. hu/en/press-room/press-releases/press-releases – 2015/mnb-signed-the-memorandum-of-understanding-on-rmb-clearing-arrangements-and-the-agency-agreement-with-peopl-e-s-bank-of-china-in-basel.

② János Müller-Levente Kovács, "Hungary's Link to Financial Cooperation with Asia," *Financial and Economic Review*, Vol. 16, Special Issue, 2017, pp. 190 – 191.

汇市场，这也是在中国证券市场进行投资的前提。

2016 年 9 月，中匈续签双边互换协议，额度保持不变（100 亿元人民币）。[①] 2016 年 12 月，中国外汇市场启动人民币与匈牙利福林直接交易，用来支持双边贸易和投资，促进跨境贸易和投资结算中的人民币与匈牙利福林的使用便利化，从而降低货币兑换成本。[②]

2017 年 1 月，匈牙利国家银行进一步深化了与匈牙利境内唯一一家中国的商业银行——中国银行的合作。双方签署了谅解备忘录，承诺中行匈牙利分行将为匈牙利国家银行开立人民币清算账户。双方表示将评估匈牙利国家银行开展人民币结算的有效途径，并通过合作支持匈牙利扮演中东欧地区人民币清算中心的角色。此外，双方还签订主协议，作为合作伙伴的

[①] "The bilateral currency swap line agreement between the People's Bank of China and the Central Bank of Hungary has been renewed," Magyar Nemzeti Bank, September 12, 2016, https：//www. mnb. hu/en/pressroom/press-releases/press-releases – 2016/the-bilateral-currency-swap-line-agreement-between-the-people-s-bank-of-china-and-the-central-bank-of-hungary-has-been-renewed.

[②] "MNB welcomes the launch of direct trading between RMB and HUF on the onshore Chinese foreign exchange market," Magyar Nemzeti Bank, December 12, 2016, https：//www. mnb. hu/en/pressroom/press-releases/press-releases – 2016/mnb-welcomes-the-launch-of-direct-trading-between-rmb-and-huf-on-the-onshore-chinese-foreign-exchange-market.

中国银行将为匈方提供进入中国金融市场的商业途径。①

通过"布达佩斯人民币倡议"，匈牙利国家银行成功推动了其他金融机构与中国金融伙伴的关系发展，在中国市场中表现活跃。2017年4月，为了支持中匈关系进一步发展，布达佩斯证券交易所宣布发展人民币市场。②

此外，值得注意的是，自"人民币项目"实施以来，两国包括高层级别（例如匈牙利国家银行行长杰尔吉·马托奇曾多次与中国银行董事长田国立见面③）在内的金融精英的个人交往不断增加，且两国定期举行会议并邀请对方专家参会。2016年，中国人民银行与匈牙利国家银行在上海举行第一届中匈金融论坛，

---

① "Magyar Nemzeti Bank and Bank of China sign master agreement in respect of interbank market agency business and memorandum of understanding on renminbi clearing account service," Magyar Nemzeti Bank, January 24, 2017, https：//www. mnb. hu/en/pressroom/press-releases/press-releases－2017/magyar-nemzeti-bank-and-bank-of-china-sign-master-agreement-in-respect-of-interbank-market-agency-business-and-memorandum-of-understanding-on-renminbi-clearing-account-service.

② "Hungarian RMB market growing successfully：central bank official," Xinhuanet, April 6, 2017, http：//news. xinhuanet. com/english/2017－04/06/c_136185336. htm.

③ "Governor's visit to Beijing," Magyar Nemzeti Bank, May 22, 2017, http：//www. mnb. hu/en/pressroom/press-releases/press-releases－2017/governor-s-visit-to-beijing.

旨在借助这一新的双边论坛深化双方合作。[1]

最后，匈牙利国家银行成为了中匈双边政治关系中的重要一环，这并不常见。匈牙利国家银行欢迎中国在世界经济中不断增长的地位并在匈牙利给予了"一带一路"倡议充分且积极的支持。[2]

近年来，除了匈牙利国家银行，匈牙利国家经济部等机构也在中匈金融关系发展中扮演了重要角色。国家经济部吸引国际目光的第一个动作是在 2016 年由其下属的匈牙利国债管理中心发行了三年期点心债券，价值为 10 亿人民币（利率为 6.25%）。2017 年，匈牙利国家经济部在中国银行间债券市场发行 10 亿元人民币三年期债券，票面年利率为 4.85%，成为继波兰之后第二个发行此类债券的中东欧国家。[3] 考虑到匈牙利政府的财政政策旨在降低外币债务，可以看到这些行动传递出来的重要政治信息。匈牙利官方也表示，在匈牙利进入中国债券市场之际，发行上述债券的用意

---

[1]　"Kínában tárgyal az MNB delegációja," Magyar Nemzeti Bank, January 15, 2016, https：//www. mnb. hu/sajtoszoba/sajtokozlemenyek/2016 - evi-sajtokozlemenyek/kinaban-targyal-az-mnb-delegacioja.

[2]　"Governor continues his programme in Shanghai," Magyar Nemzeti Bank, May 29, 2017, http：//www. mnb. hu/en/pressroom/press-releases/press-releases – 2017/governor-continues-his-programme-in-shanghai.

[3]　Kate Allen, "Hungary sells renminbi debt in China," *Financial Times*, July 26, 2017, https：//www. ft. com/content/0201afb8 – 7202 – 11e7 – 93ff – 99f383b09ff9.

不仅仅是将其作为金融工具使用，还希望对投资产生促进作用。[①] 2017 年 6 月，国家经济部作出重要决定，加入中国牵头建立的新多边发展银行——亚洲基础设施投资银行（出资一亿美元），继波兰之后，与其他 12 个申请国一同递交申请的匈牙利成为第二个加入亚投行的中东欧国家。亚投行意向创始成员国身份清晰地传递了这样一个信息：匈牙利支持中国的倡议并努力提升自己的区域金融地位。[②]

　　在中匈双边金融合作中扮演重要角色的另一机构是匈牙利进出口银行，为了在中东欧地区提供共同投资目标，匈牙利进出口银行出资支持了中国—中东欧投资合作基金。在 2013 年第一阶段，出资额为 3000 万美元，2017 年第二阶段出资额上升到了 7650 万美元。[③] 匈牙利外交与贸易部部长彼得·西雅尔多还宣布将出资两亿欧元支持中国工商银行投资设立的中国—

---

① "Barcza：euróra váltással olcsóbb a kínai hitel," *Világgazdaság*, July 31, 2017, https：//www. vg. hu/gazdasag/barcza-gyorgy-az-eurora-valtas-olcsobba-teheti-renminbifinanszirozast－564062/.

② "Magyarország csatlakozott az Ázsiai Infrastrukturális Beruházási Bankhoz," Nemzetgazdasági Minisztérium, July 16, 2017, http：//www. kormany. hu/hu/nemzetgazdasagi-miniszterium/hirek/magyarorszag-csatlakozo-tt-az-azsiai-infrastrukturalis-beruhazasi-bankhoz.

③ Xu Jingxi, "Sino-Hungarian investment funds coming," *China Daily*, May 16, 2017, http：//www. chinadaily. com. cn/kindle/2017－05/16/content_29367404. htm.

中东欧金融控股公司。[①]

最后，匈牙利最大的商业银行——匈牙利储蓄商业银行在 2017 年 5 月宣布已获准在中国设立代表处，这是进入中国市场的前提条件。[②]

六　结论

梳理中匈金融合作的发展过程，可以明显看到"向东开放"政策，尤其是"人民币项目"的实施，成为了两国合作的分水岭。在这两个阶段，匈牙利的目标均是提高布达佩斯在中东欧地区的地位，成为连接欧盟与中国的桥梁。在前一阶段，匈牙利失败的原因主要在于国内精英将关注点放在了西欧，认为与中国开展合作只是未来的一种可能选择；其次，尽管有着将布达佩斯打造为"中东欧地区的伦敦"这一乐观设想，但匈牙利却缺乏相应的综合战略让设想落地。

与双边金融合作的前"向东开放"时期相反，在后"向东开放"时期，无论是与其他领域的双边合作

① Xu Jingxi, "Sino-Hungarian investment funds coming," *China Daily*, May 16, 2017, http：//www. chinadaily. com. cn/kindle/2017－05/16/content_29367404. htm.

② "OTP Bank Conference Call," J：P：Morgan, Incomm Transcript, May 12, 2017, https：//www. otpbank. hu/static/portal/sw/file/OTP _ transcript_1Q_2017. pdf.

相比，还是与其他中东欧其他国家相比，中匈金融层面的合作都迅速地取得了丰硕成果。分析近年来的经历，可以总结出如下几点成功经验：第一，匈牙利国家银行对于要做什么有清晰的目标，并由相关机构逐步落实各项目标。第二，对于如何管理双边金融合作，匈牙利国家银行与市场有切实互动（例如"布达佩斯人民币倡议"）。市场接受了匈牙利国家银行的引导，这奠定了进一步发展的基础，这一经验也同样适用于那些非国家机构（例如商业银行）。第三，匈牙利国家银行所推行的战略不仅基于匈国内的研究，也参考了中国学者和金融专家的建议。

然而，考虑到"人民币项目"的实施情况，还有如下几点问题值得研究：第一，虽然金融合作成果喜人，但推行过程并非易事，技术困难、语言障碍、信息技术系统不同等多个问题延缓了项目的实施。第二，中匈交易额相对较小。产生这一现象主要有两个原因：一是由于缺乏对中国市场的了解，匈牙利决策者不愿冒风险；二是合作的主要动因来自于政治层面而非经济领域。匈牙利国家银行推行"人民币项目"是为了支持匈牙利政府的外交政策。从中匈双边关系来看，决策者认为这是匈牙利重要的政治资本，将对未来的双边关系产生多重影响（例如吸引更多的投资）。此外，支持政府决策这一做法不仅仅可以成为外交工具，也可以给国内政治局面带来收益。

　　在中匈双边经济关系中，金融方面的合作最为成功，让匈牙利成为了中东欧地区的重要金融中心，也在欧盟内部产生了影响。因此，进一步落实"向东开放"政策中的金融合作是十分必要的。

第五章 中国和匈牙利的人文交流

中国与匈牙利两国具有久远的人文交流历史，但总体上来看在 2010 年之前两国的人文交流与合作的紧密度较低，领域也较少。随着 2012 年中国—中东欧国家 "16 +1 合作" 框架的建立，中匈两国的人文交流日益紧密和深入，成效显著，这也为地理位置相距较远、意识形态存在差异的两个国家的人文交往树立了一个榜样。

一 中国与匈牙利人文交流的现状

在 "16 +1 合作" 框架建立后，两国的人文交流发展迅速，在语言、教育、文化艺术、旅游、文化产业等诸多领域，中匈两国的交流与合作成果丰硕。

（一）中匈语言学习风气渐盛

中匈两国之间对对方语言的学习热情，近年来在不断提高。在中国,北京外国语大学自 1961 年开设匈牙利语专业以来,曾经在长时间内是中国唯一一所开设该专业的高校。目前中国培养匈牙利语专业院校稀少的情况有了明显改变。中国传媒大学、北京第二外国语学院、上海外国语大学、四川外国语大学、天津外国语大学等国内知名外语大学都开设了匈牙利语专业。仅 2016 年中国就有三所大学新开设了匈牙利语专业。北京第二外国语大学还在"非通用语七年一贯制培养项目"下,于 2015 年 7 月招收了第一批匈牙利语专业学生。该项目从北京初中毕业生中招取 20 人学习匈牙利语专业,一共学习 7 年,涵盖了高中和大学本科阶段,实行"贯通培养",有利于培养语言基础扎实的匈语人才。

在匈牙利,该国的罗兰大学早在 1923 年就设立了中文系,2006 年罗兰大学建立了匈牙利的第一所孔子学院。2012 年匈牙利的第二所孔子学院在塞格德大学设立。匈牙利国内汉语学习机构建立较早,早在 2004 年在布达佩斯就建立了匈中双语学校,该学校招收的学生接受从小学至中学 12 年的匈中双语教育。建校以来,在教学和育人方面取得了成功经验,得到了匈牙利各界的广泛支持和认同。历次到访匈牙利的国家领导人均到学校访问、参观。

中匈两国民众对相互间语言学习的热情和积极性

都在提高。就中国来说，随着中国—中东欧国家合作的不断深入发展和"一带一路"倡议的展开，与匈牙利的各领域合作关系不断深入，需要匈语人才进入各领域发挥重要作用。就匈牙利方面来看，中国在全球政治经济中的重要性不断提升，特别是当前中欧关系不断深入发展，中欧在经贸领域相互成为重要的伙伴。作为欧盟成员国，匈牙利无疑也从中看到了更多的发展机遇，而对于匈民众特别是青年人来说，学习汉语可以找到更好的职业机遇。基于以上背景，两国国民学习对方语言具有现实需要的因素，同时在双方政府的支持和引导下，语言学习的机制保障则更为充分。

（二）中匈文化艺术交流

中国和匈牙利都具有历史悠久且特色鲜明的文化艺术，在文化艺术交流方面两国间互动频繁。2005 年 9 月，匈牙利文化周在北京举行，匈牙利时任总理久尔恰尼·费伦茨出席开幕式。2007 年 9 月，"匈牙利节"开幕式在北京和上海举行，久尔恰尼·费伦茨总理出席。2008 年 4 月，中国作为主宾国参加第十五届布达佩斯国际图书节，新闻出版总署副署长邬书林出席。6 月"匈牙利节"闭幕式在深圳举行，匈牙利国会主席西利·卡塔琳出席。2009 年 10 月，文化部副部长王文章率团访匈，签署了两国文化部年度合作计划，同月，中国文化

部在匈牙利举办了"中国文化节"。2013 年 6 月，中匈
互设文化中心协定在匈签署，当年 11 月北京的匈牙利
文化中心建立并开放。[①] 2017 年 4 月"匈牙利 2017 中
国电影展"在布达佩斯拉开帷幕，正在匈牙利进行访
问的中共中央政治局委员、中央书记处书记、中宣部
部长刘奇葆与匈牙利人力资源部部长鲍洛格·佐尔丹
共同启动本次电影展。

在两国政府鼓励和带动下，中匈之间的文化艺术
交流活动丰富多彩，匈牙利画家蒙卡奇和中国画家齐
白石的作品多次在两国之间进行交流展览，中匈两国
的音乐家、歌唱家、舞蹈家互访演出更是举不胜举。
随着中国民众整体文化素质的提高和文化需求的提升，
具有中东欧特色的匈牙利文化艺术将更加引起中国民
众的兴趣。同时，我国文化"走出去"正在不断迈步
前进，文化软实力不断提升，中国有实力、有能力将
传统、现代的各类优秀文化艺术成果向匈牙利民众进
行广泛宣传，从而促进两国人民的民心相通。

（三）旅游和文化产业

旅游是推动人文交流、增进不同国家人民之间相

---

① 参见中华人民共和国外交部网站，http：//www. fmprc. gov. cn/
web/gjhdq_ 676201/gj _ 676203/oz _ 678770/1206 _ 679858/sbgx _ 679862/
t7169. shtml。

互了解的重要方式。中匈两国十分重视推动两国旅游业的发展。2014 年 5 月，中国—中东欧国家旅游促进机构和旅游企业联合会协调中心在布达佩斯设立。2015 年为"中国—中东欧国家旅游合作促进年"，3 月 26 日，"中国—中东欧国家旅游合作促进年"启动仪式在布达佩斯举行，中国国务院总理李克强和匈牙利总理欧尔班均发来贺信。中国赴匈牙利旅游人数大幅增加，2017 年前 6 个月总计已超过 8 万人，同比增长了 51.1%。①

近年来中国与匈牙利在文化、教育产业等方面的合作日益加深，特别在地方交流层面上，匈牙利与中国地方政府正推动各类合作项目落地。2016 年 1 月，匈牙利国家贸易署宁波代表处落户浙江省宁波市，此前匈牙利国家贸易署已在北京设立了代表处。代表处除了推动中匈贸易发展外，还会结合匈特色产品、产业开展一系列文化交流活动，让更多的人们了解与认识匈牙利。2016 年 3 月，中华人民共和国文化部与苏州市政府签署协议，共建和运营布达佩斯中国中心，该中心是文化部首个与省辖市合作共建的海外中国文化中心项目，未来将被打造为对外展示苏州形象的重要平台，为部市合作共建海外中国文化中心发挥示范和引领作用。2017 年 9 月，匈牙利高新技术和教育产

---

① http://www.sohu.com/a/166897620_685098.

业中国发展中心在福州揭牌。该中心是匈牙利政府与福建摩根斯达集团在福建设立的国家级窗口，中心未来教育公司将匈牙利等中东欧文化、教育、体育、科技等领域的优势有机融入中国的教育之中，将配套的科技产品引入中国。在中匈文化旅游、文化产业交往合作领域，中国地方政府有着很高的参与积极性，近年来依托与中东欧国家开展产品产销、投资促进活动，在介绍和引入匈牙利等中东欧国家特色旅游资源和文化产品方面取得了明显的进步，使中匈两国人文交流具有了更加扎实的经济基础。

（四）中医药合作

中医正式进入匈牙利时间要从 1987 年算起，当时匈牙利匈中友协传统医学会与黑龙江中医研究院开始了学术交流与医疗合作。1988 年 12 月，双方合作开办的中医诊所在布达佩斯开门营业，受到当地民众的欢迎。两年后，中医诊所因故停办，但一些医生却留了下来。1996 年匈牙利出台的自然疗法法律规定，只有获得匈牙利大学医学文凭或经过专业考试的外国医生才能从事针灸治疗。1997 年，匈牙利当局停止向中国医生发放行医许可。2003 年，在匈牙利时任总理迈杰希访华前，匈牙利中医药学会致信匈总理，列举了中医医师在匈牙利行医遇到的种种困难和缺乏法律保障问题，迈杰希批复卫生部，特事特办，临时批准了13位中国医生在匈监护医生监护下的行医资格。此后由于各种原因，官方未向更多中医医生颁发行医执照。2015年9月18日，匈牙利人力资源部正式颁布中医立法实施细则，并于10月18日生效，预示着中医药正式在匈牙利合法化。

2017年6月，国务院副总理刘延东访问匈牙利布达佩斯，在匈牙利布达佩斯调研匈塞梅尔维斯医科大学并出席中匈中医药教育合作系列活动，听取了中国—中东欧中医药中心（匈牙利）筹建情况。

刘延东表示，中医药是中华民族的瑰宝，不仅属于中国，也属于世界。习近平主席与欧尔班总理2017年5月共同宣布建立中匈全面战略伙伴关系，两国政府提出要深化卫生领域、尤其是中医药领域的合作，为两国中医药合作开辟了广阔空间。很高兴地看到匈牙利在欧洲率先对中医执业资格立法并制定细则，认可并接纳中医药为国民服务。希望双方高校携手打造高水平中医药教育合作平台，培养出更多符合需求的中医药人才。希望两国医学专家密切协作，发挥中西医医学理念、诊疗方式互补优势，探索中西医联合攻克疾病的新模式。

（五）学术和智库的机构建设

随着中国—中东欧国家交流的密切，双边的学术和智库交流也愈加频繁，其中中国与匈牙利两国的学术和智库交流也成为两国人文交流中的重要内容。近两年来，中国与匈牙利的学术、智库交流呈现出"深化升级"的趋势，交流层次提高，机构建设不断取得进展。

在中国，北京第二外国语学院在 2015 年 11 月成立了中国首家匈牙利研究中心，借助匈牙利研究中心，该校将与匈牙利大学共同开设研究项目，开展深度合作，为中国培养出更年轻的专家学者。2017 年 5 月，北京外国语大学也成立了匈牙利研究中心，中心将开展匈牙利国别研究和中匈关系研究，特别是加强匈牙利的基础研究，诸如匈牙利的历史、文化、社会、政治、经济和双边关系的研究。10 月，西安翻译学院也建立了匈牙利研究中心，西安翻译学院作为中国的一所民办高校积极发展与匈牙利教育机构的合作，在开设匈牙利语专业的基础上不断加强与匈牙利的国际交流和科学研究等领域的深度合作。此外，在 2016 年 11 月，匈牙利佩奇大学国际交流中心在中国山东省烟台市设立，该中心对于促进烟台市高校教育的国际化以及对接匈牙利优质大学资源有着积极的意义。近年来在中国成立的多家研究中心，将会进一步提升中国国内对匈牙利学术研究水平，推动两国学生、学者之间的交流互动。建立研究中心相较于传统的两国学者、学生的交流和互访，是一种更高层次学术人文交流活动，对于学术人文交流的机制化有保障作用。

近两年来，中国与匈牙利两国智库间交流合作日益深入。2015 年 11 月，中国社会科学院牵头组建了"中国—中东欧国家智库交流与合作网络"，匈牙利科学院、匈牙利国际事务与贸易研究所、匈牙利安塔尔知识中心、匈牙利央行地缘政治经济研究所等匈方智库机构成为智库网络中成员。中匈两国智库机构交流与合作日趋紧密的背景下，"中国—中东欧研究院"于 2017 年 4 月在匈牙利布达佩斯揭牌成立，中宣部部长刘奇葆与中国社会科学院院长王伟光共同为研究院揭牌。该研究院由中国社会科学院欧洲研究所在匈牙利独立注册，是中国在欧洲设立的第一家智库机构。"中国—中东欧研究院"将广泛联络中国和中东欧及欧洲其他地区的专家学者和学术、智库机构，支持开展课题研究、举办学术会议、组织智库对话、实施人才培训及联合出版项目等。

二　中匈人文交流的特点

总体看来，中国与匈牙利的人文交流近年来逐渐紧密，人文交流的频繁度和层级都在不断上升，两国的人文交流呈现出以下特点。

（一）以良好的中匈关系为基础

中国与匈牙利良好的双边关系，是两国人文交流能够得到发展的基本前提和重要基础。政治方面，中匈两国在国际事务上相互支持、密切配合，在涉及两国核心利益问题上互相支持。匈牙利是第一个与中国签署《关于共同推进"一带一路"建设谅解备忘录》的欧洲国家（2015 年 6 月）；2017 年 3 月，匈牙利加入了亚洲基础设施投资银行；5 月，中国与匈牙利建立了全面战略伙伴关系。经济方面，匈牙利是中国在中东欧地区最重要的贸易和投资伙伴之一。据不完全统计，到 2016 年在匈牙利的中资机构共 4000 多家，总投资额超过 25 亿美元；① 中匈两国 2016 年的贸易额突破 88 亿美元②，两国的投资和贸易额在中东欧国家中一直稳居前列。此外，在金融、基础设施建设等方面，匈牙利与中国的合作也走在中东欧国家前列。中匈两国在政治、经济等领域合作良好，为中匈两国人文交流奠定了坚实的基础。

（二）人文交流内容丰富，基础扎实

中匈两国的人文交流涉及语言、艺术、教育、学术、智库、旅游及文化产业等诸多方面，而且每个方

---

① 参见中华人民共和国外交部网站，http：//www. fmprc. gov. cn/web/gjhdq＿676201/gj＿676203/oz＿678770/1206＿679858/sbgx＿679862/t7169. shtml。

② 参见中华人民共和国商务部网站，http：//ozs. mofcom. gov. cn/article/zojmgx/date/201702/20170202520524. shtml。

面都在深入发展。从上文中可以看到，中匈两国的人文交流在人员访问的基础上正在向着合作共建人文交流机构的方向发展。与此同时，中匈两国都出台了实际措施，保障人文交流在良好、扎实的基础上运行。如中国已经制定对匈牙利等中东欧国家 72 小时免签过境的口岸名单，努力简化双方人员来往的通关手续。匈牙利在中国上海、重庆等城市设立了总领馆，简化了签证办理手续，中国公民获得匈牙利签证通过率高达 97%。①

此外，通过中国—中东欧国家人文交流年、媒体记者年等年度主题活动，中方邀请了匈牙利著名艺术馆、艺术家、媒体记者来华访问，展示匈牙利文化艺术的同时，让匈牙利媒体记者更加深入地了解中国发展的现状。近年来在中国组织了多种类型的关于中东欧青年企业家、政治家的人文交流活动，涉及政策对话、学术论坛、文化交流等各方面内容。这其中不乏来自匈牙利的青年企业家、政治家，他们代表了未来匈牙利的政治和经济精英阶层，通过这种交流活动，他们对中国的现状有了进一步的认识，对中匈关系的未来也更加看好。这体现了中匈人文交流活动不仅为当前两国关系产生了推动作用，也给未来双边关系的发展打下更加稳固扎实的基础。

---

① http：//www. cdrb. com. cn/html/2017 –01/12/content_59128. htm.

（三）人文交流与中匈关系各领域良好互动

中匈两国发展良好的人文交流又能够对促进中匈的政治、经济以及地方合作等各领域的合作产生积极的影响。

2017 年 4 月,《习近平谈治国理政》的匈牙利文版正式发布,这是中匈两国人文交流的一大重要成果。该书匈牙利文版是首个中东欧语言的版本,其出版将为匈牙利人民观察和感知中国打开一扇新的窗口,增进对中国发展理念、发展道路、内外政策的认识和理解,体现了两国学术、智库界政治思想的交流成果。

2015 年中匈两国之间的直飞航线恢复,这一方面说明了双边政府对于加强交通联系的重视,同时是人员交流的实际需求。随着两国人文交流的日益密切,特别是旅游业的发展,中匈的直飞航班运营良好,有些地方城市为了旅游的需要还开通过直飞匈牙利的旅游包机。此外,早在 2013 年 12 月,匈牙利正式通过中医药合法化的法律,中医药在匈牙利受欢迎程度越来越高,这对于传播中国传统医药文化,加强两国医学合作都有着十分重要的意义。

当前中匈两国地方政府合作也方兴未艾,双方结成的友好城市已达到 36 对,很多中国地方政府都在积极推动与匈牙利等中东欧国家的合作。人文交流具有形式灵活多样，内容丰富且容易引起民众兴趣等特点，因此近年来在发展与匈牙利地方合作中，人文交流的内容所占的分量比较大。在北京、上海、宁波、重庆、深圳、西安等城市，通过丰富多彩的艺术、音乐、饮食、民俗等展览的带动，越来越多的中国企业、民众对匈牙利等中东欧国家的历史文化、优质资源和特色产业有了更深入的了解，这有利于两国经贸关系的发展。

三　对中匈人文交流发展问题的思考

中匈两国人文交流取得了相当的成绩，其发展前景也越来越被看好，但同时也面临一些问题。在今后中匈人文交流中，解决好这些问题无疑会使两国人文交流的状况更上一层楼。

第一，具有国际视野和综合能力的语言人才较为缺乏。虽然中匈两国政府及有关机构重视语言教学与培训，但是总体来说两国对对方语言学习还需要一定的发展阶段，例如中国国内几所大学都是近几年才开始设立匈语专业，再加上语言学习不是一朝一夕可以完成，毕业生数量有限，所以掌握中匈语言的人才还是较少。对于中匈关系长远发展来讲，语言是两国各领域交流的重要工具，然而既能掌握中匈双语，又具备一定专业领域知识背景的人才比较稀缺。因此未来两国有关部门和机构应更多地从实际需求出发，在培养语言人才的同时要结合专业背景，将语言学习与专业知识的学习和应用结合起来，培养出更多的具有国际视野和综合能力的中匈语言人才。

第二，中匈两国文化交流的方式和内容有待改进提高。中国对匈牙利以介绍语言、传统文化和艺术为主，而对中国现当代的思想文化却鲜有介绍。从方式上讲，中国对外文化交流仍以演出、展览为主，无论从内容和形式上讲都存在扎根不透影响面较窄的情况。从匈方来说，由于中东欧国家数量较多（16个），当前中国—中东欧国家合作的背景下，中国民众容易被各种各样的中东欧国家文化信息所"湮没"。因此，如何在对中方的宣传交流中体现出匈牙利国家和民族的特色也是需要进一步考虑的问题。

第三，中匈文化交流机构成立时间较短，发展还需时日。中匈两国都建立了相关文化研究、交流机构，但是这些机构都是近两年随着中国—中东欧"16＋1合作"兴起而建立起来的。无论是中国还是匈牙利，这些机构能否长期有效地运行，推动双边人文交流合作，都需要有关各方付出努力和耐心。此外，中匈文化交流、研究机构应当拓展视野，将推动学术研究、智库交流、学者和学生互访与当前中匈合作的其他领域结合起来，充分发挥服务两国政治、经贸、投资、科技等领域合作的作用，使人文交流活动有效地配合两国关系发展的现实需求，这样中匈文化机构更能获得广泛的支持，从而长期发展下去。

第四，在匈华人华侨的作用仍有待进一步发掘。目前在匈牙利的华人华侨规模已有 3 万多人，主要居住在布达佩斯。匈牙利的华人华侨人数是中东欧各国中最多的。他们之中很多人自 20 世纪 90 年代初便开始扎根匈牙利，并建立起华人联合会、华文报社、双语学校和慈善机构，成为匈牙利社会的一部分。在匈华人华侨对于中匈合作具有不可忽视的积极影响，特别是宣传中匈合作方面，国内侨务部门和媒体可以借助匈牙利华文媒体在中东欧地区的影响力，加强双方信息采集和资源互享等方面的合作，利用华人华侨向当地民众解释"一带一路"的宗旨、宣传中匈"一带一路"合作协议取得的积极成果，破除"一带一路"只是中国扩展经济势力范围、倾销过剩低质产能的不实言论。同时，积极创造条件，激发华人华侨参与中匈合作，"16＋1 合作"和"一带一路"倡议的积极性。

第六章　推进中国和匈牙利合作的政策建议

一　积极发挥匈牙利对"16＋1合作"的推动作用

目前，匈牙利在"16＋1合作"框架下积极开展各种活动，形成了多方面的合作成果，成为"16＋1合作"框架的积极推动者。至少在未来五年内（2017—2021），以布达佩斯"16＋1"峰会为基，积极推动更多成果落地匈牙利和中东欧国家，以中匈全面战略伙伴关系为示范之一，推动中国与中东欧多对双边关系取得积极发展，通过匈牙利的支持，积极推进包括匈塞铁路在内的大项目取得进展，发挥匈积极支持中国与欧盟的双边投资协定谈判、承认中国完全市场经济地位等问题上的积极立场，推动匈在中欧关系框架下发挥更加积极的作用。

二 积极推进中匈双方地方合作

在"16＋1合作"框架下，地方合作一直发挥着积极的作用。地方合作有助于形成点对点合作，进而夯实双边地方合作的基础。未来，中匈关系欲挖掘更多的合作潜力，地方合作是抓手。可以通过开通更多直航（如中国城市到布达佩斯的直航），结对更多友好城市（如中国城市同匈牙利城市结成友城关系），达成更多城市合作协议，双方彼此做好城市公共外交等，将会发掘出更多的合作成果，形成更紧密、多层次、全方位的合作格局。

三 用好"16＋1"旅游合作平台，丰富旅游合作

未来五年，应积极推进中国和中东欧国家旅游合作提质增效。鼓励中国和匈牙利政府充分利用好"16＋1"旅游合作平台，发掘旅游资源。推出赴匈牙医旅游、温泉旅游等新项目。

过去五年，中国赴匈和其他中东欧国家旅游的人数出现明显增长，成为双边和"16＋1合作"新的增长点。但旅游业在匈和中东欧国家仍有较大的增长潜

力，中国国内也有强劲的旅游需求。

旅游合作还能带动其他产业的发展。就匈牙利来说，旅游业的兴旺发达，看牙的旅游者人数不断增多，在很大程度上要归功于匈牙利的牙医。利用度假期间到匈牙利来看牙是很多欧洲旅游者的选择，这里的牙医费用大约只有西欧的一半、甚至是三分之一。匈牙利发挥牙医优势有它的基础，在前社会主义时期，匈牙医技术就享誉中东欧地区，但是开始匈牙医并没有想到把这个优势与旅游业结合起来。在该国的转轨过程中，许多人生活水平退化，付不起相对高昂的牙科费用，这让牙科医生们一度非常困难。然而，该国优美的景色帮了他们的忙。许多到匈牙利旅游的外国人偶然在当地看牙医，发现这里不但价格便宜，服务也非常好。而急于寻求生意的牙医们也利用这个时机，大作宣传并与旅行社结盟，经过努力，终于独辟蹊径，开发出这种经济效益和社会效益相结合的旅游项目。

四　做好双向投资促进工作

作为中东欧的主要交通枢纽之一，匈牙利是建设区域配送中心的理想地点。匈牙利在历史上就是连接东西方的桥梁，匈政府一直计划将自己打造成为来自东方国家的公司进入欧盟的门户。匈牙利的地理区位让其成为进入中东欧地区日益成长的市场的有利基地。匈牙利是欧洲道路密度最高的国家之一，这也是它的一个突出的竞争优势。匈牙利拥有辐射范围广阔的铁路网，列车通向欧洲的主要港口。匈牙利的边境城市扎霍尼，在东西方铁路运输中扮演着重要角色，欧洲标准轨距铁路网和东方宽轨铁路系统在这里交会。高素质且划算的劳动力储备，也是提升匈牙利国际竞争力的一个因素。匈牙利与西欧国家相比工资相对较低。2012年，匈牙利出台了一部新的劳动法，旨在制定一部反映劳动力市场最新趋势的法律。匈牙利税收制度的原则与西欧相似。2013年开始征收单一税率的个人所得税，目前的税率为15%。匈牙利的企业税制度是具有很高的竞争力的，9%的税率在欧盟是最低的。与欧盟的立法一致，为了让外国直接投资项目在本国落地，匈牙利为公司提供各种各样的免税优惠和现金激励政策。匈牙利对财产和投资的保护是非常成熟的。1988年的《外国投资法》全面保护了非匈牙利籍投资者的投资和生意，并承诺给予非匈牙利籍投资和匈牙利居民同样的待遇。考虑到上述基础，应该加大对匈投资宣传力度，做好投资促进工作。

此外，也应积极宣传并欢迎匈牙利来华投资，促进双方投资工作取得进展。应加强针对匈牙利和中东欧其他国家的招商引资力度，推进更多匈企进入中国市场，分享中国发展机遇。

五　用好维谢格拉德集团平台，加强对话

匈牙利高度重视维谢格拉德机制，一贯利用该机制发挥自身影响力。维谢格拉德集团经过多年发展，已经成为欧盟内部重要的区域合作机制，在区域合作、安全等领域日益发挥着重要作用，形成了独树一帜的声音。

自2017年7月1日起，匈牙利担任维谢格拉德集团轮值主席国主席，为期一年。可以充分利用好这一机会，促成匈牙利推动中国和中欧四国更加紧密的合作，在重要领域加强务实对话。

六　用好华人华侨，推动其扮演好
　　纽带作用

在中东欧地区，居住在匈牙利的中国人最多，这无疑是匈牙利和中国发展政治、经济、文化关系的一个显著优势。华人华侨拥有熟练的匈牙利语和汉语技能，为中国大陆企业在匈牙利投资提供了一个潜在的劳动力市场。在选择投资地点时，国际或双语学校的可用性通常是一个重要的"软因素"。中匈双语小学

（2004 年建立）是两国关系的一个重要里程碑。学校为外籍儿童提供优质教育，使中国投资者产生了兴趣。

利用好在匈华人华侨，使其作为经贸、投资和人文交流的纽带，有助于双边合作提质增效，带动更多的中国企业走进匈牙利。

七 积极发展电子商务等平台，推进贸易畅通

从过去几年的发展趋势看，中国跨境电商发展迅速，中国消费者巨大的跨境购买力引起了广泛关注。中国在跨境电商发展方面表现抢眼。2015 年，中国跨境电商交易规模 5.4 万亿元，同比增长 28.26%，其中跨境出口规模达 4.49 万亿元，跨境进口交易规模达 9072 亿元。[①] 2016 年中国跨境网购用户达 0.42 亿人，同比增长 82.6%。预计 2017 年跨境网购人数将达到 0.59 亿人。2016 年 B2C 模式以 58.6% 的占比首次超越了 C2C，成为最主要的跨境进口电商模式。[②] 未来几年，跨境购物有望成为中国和中东欧国家经贸合作的重要突破口，有助于实现中国和中东欧国家贸易更加

---

① 数据来源于中国电子商务研究中心网站《2015—2016 年中国出口跨境电子商务发展报告》，http://www.100ec.cn/zt/1516kjdsbg/。

② 数据来源于中国电子商务研究中心网站《2016—2017 年中国跨境进口电商发展报告》，http://www.100ec.cn/zt/16kjbg/。

平衡的发展。以电子商务合作为抓手和突破口，中国和中东欧 16 国各研究机构或平台可积极推进中欧电商合作规则的对接，形成更加畅达的跨境电商贸易环境。

八 密切关注双边可能面临的潜在挑战和风险

目前，尽管中匈关系发展处于较好的状况，但对于双边关系中潜在的风险因素要加强预防和研判，防止对双边关系正常发展形成干扰。

挑战与风险主要集中在双边的经贸和投资关系上。目前，经贸和投资领域的不平衡性问题较为突出，主要体现在中国对匈牙利乃至中东欧其他 15 国均成贸易顺差状况，且贸易顺差在各国表现不一，已经引发波兰、捷克等中欧国家的广泛关注。在投资方面主要体现中国对中东欧国家的投资，而中东欧国家对华投资普遍较少，容易引发中东欧国家对中国市场准入和市场开放度的质疑。

此外，中国加大对中东欧国家的投资，也引发了包括德国等欧洲国家的关注，担心会挤占其传统贸易和投资市场，从产业链上侵蚀德国等产业在中东欧的发展基础。

就匈牙利来说，与欧盟关系不佳问题，同样也会影响双边合作。未来几年，受到难民危机、英国脱欧、极端主义和民粹主义、乌克兰危机等的纠缠，中欧合作的大环境不佳，也会在一定程度上影响到中匈合作。

后　记

　　本成果是国内也是国际学术界第一本系统阐释中国和匈牙利战略合作伙伴关系的著作，在过去发展历程当中，中匈战略伙伴关系尚未有专题的论述。这很大程度上是因为中国和匈牙利缔结全面战略伙伴关系的时间不长，要在这么短的时间内拿出一本成果还是比较困难的。可以说，这是一本应时性的书，写作于中国和匈牙利缔结全面战略合作伙伴关系不长的时间，即在2017年的5月。但实事求是地讲，中国和匈牙利关系的战略性已经积蓄一段时间，两国能够建立全面战略合作伙伴关系，肯定不是建立在浮沙上，而是有着内容丰富、层次多样的合作，这也为本书的写作打下良好的基础。

　　当看到中匈缔结全面战略合作伙伴关系时，不少学者评论说，这是一步到位的，中间没有经历战略伙伴关系，直接从友好合作伙伴关系跨入"全面"战略合作伙伴关系的新时代，体现出双方合作的重要意义以及反映出近几年来在诸多合作领域迅速取得成果的现实。

就是在这样一个迅速发展的关口，如何解读和分析中国—匈牙利双边合作的战略性，还是有着较大的政治和学术价值的。随着 2017 年"16 + 1 合作"的年度大戏，中国和中东欧国家总理峰会在布达佩斯成功召开，这更加突出了匈牙利在推进与中国全面合作上的贡献。一个很有意思的现象是，即使在探讨"16 + 1 合作"方面，当笔者听匈牙利官方、尤其是匈牙利驻华大使齐丽女士的发言的时候，她也习惯地把"16 + 1 合作"的元年描述为是 2011 年，而不是 2012 年的华沙中国—中东欧国家领导人会晤，因为在那一年，在布达佩斯，匈牙利连同其他中东欧各国与中国举行了经贸合作论坛，从而开启了中国和中东欧国家合作。因此，在历届总理峰会上，政治峰会和经贸论坛在数字上通常会差一年，比如第一届总理峰会，同期也举办第二届经贸合作论坛；第二届总理峰会，同期也举办第三届经贸合作论坛……这也印证了匈牙利对"16 + 1 合作"的贡献是开创性的。

在"一带一路"倡议同"向东开放"政策对接上，双方也表现出了独具特色的合作，这种合作不是体现在口号上，而是体现在行动上，合作非常务实具体；而在涉及中国南海问题、中国完全市场经济地位问题，匈牙利也在国际社会、在欧盟发出了支持中国的声音。这犹为难得，匈牙利作为一个小国，不但有着自己独立的思考，而且能把这种思考诉诸到实际行动上，这是非常有勇气和智慧的。毫无疑问，匈牙利新政府在内政和外交上做了较具特色的大胆尝试。在这些问题上，中国也做出积极回应，坚持认为"鞋子合不合脚，只有自己的脚知道"的政策，一个国家走什么道路，只有这个国家的人民有权利做出选择。

策划一本由中外学者联合撰写的成果是笔者早已有之的想法，2016年，笔者联合中外学者撰写的《中国和捷克的战略合作伙伴关系》一书，引发了较大反响，深受政界和学界欢迎。国内多家官方机构索书，希望能先睹为快。中国驻捷克使馆也来索书，笔者很荣幸地为马克卿大使题字赠书。

本书是中国和匈牙利学界通力合作的结果，笔者也努力促成此事，邀请了中国和匈牙利学界对中匈关系较有研究的专家学者，尤其是以年轻学者为主。这么做的目的有二：一是反映新一代学者对中国和匈牙利全面战略合作伙伴关系这一问题的具体看法、想法；二是通过跨国合作，继续巩固和充实双方人文交流的内涵，进一步提升双方对彼此的战略认知与认同。本书观点未必权威准确，也不代表官方立场，只是反映学界至少是新锐学者的看法，但我认为本书体现了中国学界和匈牙利学界最近几年对中国和匈牙利关系发展的基本共识。

本报告在撰写过程中，课题组于 2018 年 2 月收到推进"一带一路"建设工作领导小组办公室《关于印发落实中匈在共建"一带一路"倡议框架下的双边合作规划的任务分工的通知》文件，文件中明确提出："鼓励中国—中东欧国家智库网络成员间积极开展合作。"本书能够完成，也是中国—中东欧国家智库网络框架下中外合作伙伴紧密配合的结果，尤其是来自匈牙利的合作伙伴——即匈牙利科学院、匈牙利国际事务与贸易研究所、匈牙利国家银行所属的雅典娜地缘政治基金会、匈牙利应用科学大学四家匈方智库机构。鉴此，本项成果作为落实推进"一带一路"建设工作领导小组任务的一项工作，更具备了重要的政策意义和价值。

全书框架由刘作奎统筹提出，大致分为政治、经贸和人文三个基本方面，并分别邀请中匈学者围绕这三个方面展开撰写和分析。得益于中匈学者全身心的投入，本书最终得以出版。

中国和匈牙利伙伴关系的战略性由刘作奎、Tamas Novak 撰写；

中国和匈牙利的政治关系由佟巍撰写；

中国和匈牙利的经贸关系由 Ágnes Szunomár、廖佳撰写；

中国对匈牙利的投资由 Peter Goreczky 撰写；

中国和匈牙利的金融合作由 Viktor Eszterhai 撰写；

中国和匈牙利的人文交流由 Tamas Novak、鞠维伟、管世琳撰写；

推进中国和匈牙利合作的政策建议由刘作奎撰写。

中国社会科学院欧洲研究所管世琳博士后做了大部分英文论文的翻译工作，对本书亦有贡献。

全书由刘作奎统稿，错漏之处在所难免，请各位专家学者多多指正。

中国社会科学院欧洲研究所

16＋1智库网络

刘作奎

刘作奎：中国社会科学院欧洲研究所研究员、中东欧研究室主任、16＋1智库交流与合作网络秘书处办公室主任。

Ágnes Szunomár：匈牙利科学院世界经济研究所研究员、经济与区域研究中心主任。

鞠维伟：中国社会科学院欧洲研究所中东欧研究室助理研究员，16＋1智库交流与合作网络秘书处项目官员。

Viktor Eszterhai：匈牙利国家银行所属智库帕拉斯·雅典娜地缘政治基金会研究员。

佟巍：外交学院国际关系学博士、外交学院国家软实力研究中心专职研究员。

Tamas Novak：匈牙利应用科学大学教授、布达佩斯商学院部门负责人。

Peter Goreczky：匈牙利国际事务与贸易研究所高级研究员。

廖佳：上海对外经贸大学国际经贸学院副教授、中东欧研究中心研究员。

管世琳：中国社会科学院欧洲研究所博士后，16＋1智库交流与合作网络秘书处项目官员。